Yvon Lamy

L'aventure de l'art-thérapie

Yvon Lamy

L'aventure de l'art-thérapie

Le Mythe personnel-La revision de vie et le reparentage

Éditions Vie

Imprint

Any brand names and product names mentioned in this book are subject to trademark, brand or patent protection and are trademarks or registered trademarks of their respective holders. The use of brand names, product names, common names, trade names, product descriptions etc. even without a particular marking in this work is in no way to be construed to mean that such names may be regarded as unrestricted in respect of trademark and brand protection legislation and could thus be used by anyone.

Cover image: www.ingimage.com

Publisher:
Éditions Vie
is a trademark of
International Book Market Service Ltd., member of OmniScriptum Publishing Group
17 Meldrum Street, Beau Bassin 71504, Mauritius

Printed at: see last page
ISBN: 978-3-639-75533-6

Le mythe personnel

Le destin

Revision de vie et reparentage

Poèmes

Introduction

Ce livre propose une réflexion ou une démarche personnelle à partir de mon expérience. Tout comme je me suis intéressé au mythe personnel, au dessin , à la revision de vie et au reparentage, je vous invite à utiliser les divers thèmes comme démarche. Quel est le but de cette démarche? Pour moi elle consistait à trouver un sens à mon parcours de vie mais aussi à m'aider à me permettre une plus grande sérénité alors que j'avais atteint soixante-dix-huit années de vie.

La notion de mythe personnel a attiré mon attention et j'ai voulu approfondir ce que cela signifiait en général mais aussi pour moi-même. J'ai exploré ce phénomène avec d'autres personnes afin de voir comment il pouvait aussi éclairer leur parcours de vie. Il existe de nombreux personnages dans la mythologie, vous devrez lire un peu sur ce sujet afin de voir quel personnage vous inspire et vous familiariser avec l'histoire de ce personnage. Pour moi c'est l'histoire de Persée qui m'a attiré parce que je me retrouvais en lui en les étapes de sa vie et en sa mission de vie dont j'élaborerai les détails en lien avec ma propre histoire. Peut-être vous intéresserez-vous aux mythes en général, dont ce qu'on appelle les mythes sociaux qui font partie de nos vies.

Le processus de révision de vie est une démarche de retour sur son propre parcours afin de faire la paix en soi avec ce qui nous est arrivé et ce que nous avons réussi à faire avec notre vie. Par ailleurs le reparentage est une autre démarche qui consiste à non seulement faire une révision de notre parcours mais aussi à constater le besoin de guidance, de protection qui nous a manqué et transformer notre rapport à ce parcours en le revivant ou en en revivant des épisodes demeurant des sources de souffrance et en tentant de modifier la mémoire de ces parties de notre vie en réinventant ce qu'ils auraient pu être avec notre capacité de voir comment nous pouvons changer notre regard par la réflexion d'aujourd'hui.

À quel moment de votre vie lisez-vous ce livre? Quel âge avez-vous? Sentez-vous que vous traversez une période où vous n'avez plus de repères qui vous satisfont? Les préoccupations de nos 30 ans ne sont pas les mêmes que celles de nos 50 ans ni celles de nos 70 ans.
Vous êtes possiblement à l'aube d'un changement, d'une révélation qui attend que vous soyez prêt à écouter où s'en va votre vie. Cette idée est basée sur la notion de destin. Cette notion a fait partie de ma réflexion et je vous la propose car elle m'a aidé à mieux me comprendre. Nous vivons plusieurs périodes de changements dans une vie mais certaines nous marquent davantage car elles représentent les étapes reliées par un fil conducteur.
Personnellement j'ai vécu un de ces moments marquants à trente-neuf ans, mais il y avait eu une incubation de cinq années avant que j'y arrive. Il y a toujours une période d'incubation avant que le changement s'opère. Ce moment marquant a été mon retour aux études pendant six ans pour obtenir une maîtrise en art-thérapie.

Votre vie de toutes façons est un mystère, tout comme moi, il est probable vous ne compreniez pas vraiment d'où vous venez, dans quel but vous êtes là et pourquoi vous traversez ou avez traversé certaines expériences.

J'ai dû faire des recherches pour saisir ces diverses notions et ce qui les relie.Tout comme je l'ai fait, en racontant votre histoire, vous allez élaborer le mythe, que vous incarnez dans votre parcours. Lorsque vous faites le récit de votre vie vous commencez à prendre conscience de votre mythe personnel lequel selon Denis Hertz, se divise en étapes de vie.

Il faut emprunter le chemin du mystère pour comprendre sa vie.

Le but de la démarche est de montrer comment nous accédons à notre mission de vie à un moment donné et comment notre histoire de vie nous y a préparé mystérieusement. La mission de vie est l'aboutissement de notre mythe personnel.

Il peut y avoir plusieurs missions au cours de notre vie qui nous préparent à notre mission principale. Par exemple avant de retourner aux études à quarante ans et de devenir art-thérapeute j'avais terminé un baccalauréat en philosophie vingt ans auparavant croyant avoir une vocation pour devenir moine. J'ai appris plus tard que ce baccalauréat avait été déterminant pour être accepté en art-thérapie.
J'avais joué des rôles sociaux comme travailler avec les enfants-infirmes à seize ans pendant deux étés avant les études en philosophie puis j'avais eu une expérience comme apprenti graphiste et correcteur d'épreuves dans une imprimerie. À vingt ans après une formation par loisir, d'une année dans une école de yoga j'ai enseigné cette discipline pendant dix ans. Je me retrouvais avec beaucoup de personnes qui cherchaient à améliorer leur santé physique ou et mentale. J'ai utilisé l'art avec ces personnes sans savoir que vingt ans plus tard je me retrouverais dans une profession misant sur l'art pour aider des personnes à trouver un meilleur équilibre personnel.

L'art semblait faire partie du fil conducteur de mon avenir. Je me suis investi dans ma douance pour l'art en prenant des cours en dessin publicitaire et en devenant graphiste et contremaître d'imprimerie pendant sept ans. J'étais aussi peintre auto-didacte et je me suis perfectionné en suivant des cours alors que j'étais sans la trentaine. À un moment donné je me suis retrouvé dans un cul de sac, sans travail, cherchant une autre voie pour gagner ma vie. Pendant quatre années je me suis retrouvé vendeur de meubles suite à la perte de mon emploi due à une restructuration de compagnie.
Mon travail de graphiste et de contremaître d'imprimerie pendant sept ans puis de vendeur pendant quatre m'ont éloigné du rôle d'aidant pendant onze années. Je

devais y revenir plus tard, alors que je sombrais dans la dépression me demandant quoi faire de ma vie. J'étais marié et père de deux enfants et je vivait une descente aux enfers dans mon travail de vendeur. Je sentais que c'était une question de vie ou de mort de trouver une nouvelle direction. Je sentais que j'avais besoin de maîtres à penser et décidé de me diriger vers des études en psychologie en m'inscrivais dans un baccalauréat à l'université Concordia de Montréal. Après la première année, je remettais en question ce choix et croyais que je devais perfectionner mes connaissances et habiletés artistiques et m'inscrivais à un baccalauréat en enseignement de l'art. Vers la fin de cette formation je découvrais un nouveau programme en Art thérapie dans la même université. Je fus accepté à la maîtrise que je terminais en 1986.

Je ne m'attendais pas à une rencontre avec un groupe de femmes pratiquant des métiers d'art comme le tissage et l'impression sur tissu qui travaillaient à fonder une ressource communautaire pour les personnes en difficultés d'intégration sociale. Ces personnes étaient démunies soit par pauvreté ou des immigrants vivant des difficultés d'intégration dans une nouvelle réalité. Me joignant à elles je me suis retrouvé un des fondateurs d'un centre de réinsertion sociale mais aussi de retour au pour des personnes ayant des troubles mentaux et affectifs Ensemble nous avons dû trouver du financement pour notre organisme et nous l'avons obtenu en nous consacrant aux personnes ayant des troubles de santé mentale, des fragilités émotionnelles.
J'ai passé trente-cinq ans de ma vie dans ce travail comme art-thérapeute. Au moment de terminer ce livre, j'y suis toujours à soixante dix-huit ans. Je donnerai un compte-rendu de cette expérience à la fin de ce livre.

Dans ma pratique, je me suis intéressé à diverses approches de l'art-thérapie comme j'en parle dans mon ouvrage *Croire en son destin*. Parmi ces approches il y a eu celle de la recherche du mythe personnel, la notion de destin, la révision de vie et le reparentage. Je me suis servi d'images pour identifier et illustrer mon mythe personnel mais aussi celui de mes participants (ou clients). Selon les exercices que je propose dans cet ouvrage vous pouvez si vous le désirez produire vous aussi, des images par le dessin, avec des crayons de couleurs, mais aussi des pastels gras ou secs qui se vendent en petites boîtes. Au début, vous pouvez aussi choisir des images dans des revues et les coller dans votre cahier. Je vous suggère d'avoir un cahier (scrapbook) pour faire les exercices. Ces dessins deviendront la trajectoire en images, de votre parcours vers votre mission personnelle mais aussi des étapes et des expériences qui vous y ont emmenés.

Je vous propose des images de mon propre parcours dans la recherche du mythe qui peuvent vous inspirer si vous désirez tentez l'expérience. Peut-être avez-vous déjà, comme moi, des dessins dont vous voulez explorer la symbolique afin de déterminer comment ils représentent des aspects de votre mythe personnel. Si ce n'est pas le cas, vous pouvez commencer à en produire en faisant les exercices proposés plus loin. Les dessins qui résulteront vous donneront des repères personnels pour identifier votre mythe personnel. C'est surprenant, ce qu'on trouve dans des revues si vous ne croyez pas pouvoir dessiner.

Chapitre 1

Les mythes

Le mot mythe renvoie à récit. Notre vie est une histoire, un récit, peut-être même une fable au sujet de la réalité. Les fables ont été inventées mais elles ont pour but de nous faire comprendre la réalité, les mythes ou muthos qui nous viennent des Grecs qui proposaient des vérités qui nous rejoignent comme le font certaines fables. Les histoires philosophiques sont de cet ordre car elles nous inspirent dans la réflexion sur les étapes d'une vie.

Saviez-vous qu'il y a des philosophes-thérapeutes? Ils utilisent la philosophie et les diverses écoles de pensées qui existent, pour aider une personne à gérer sa vie, en l'invitant à choisir la philosophie qui l'inspire ou lui convient le plus. C'est une autre façon de saisir notre histoire de vie.

Interpellé par les contes, les fables mais aussi les mythes, je me suis demandé pourquoi je m'intéressais à ce qui n'est pas « réel ». Si le psychanalyste James Hillman avait trouvé inspirant un mythe, notamment le mythe d'Er, pourquoi, pas moi. Qu'est-ce que la réalité? Je sentais cependant le besoin de faire appel à des spécialistes intéressés par le mythe, afin de mieux me positionner dans sa compréhension et son utilisation comme art-thérapeute. Je m'intéressais à la santé mentale et j'ai trouvé également certains mythes sur la santé mentale.

Parmi mes trouvailles j'en ai conservé une qui semblait être assez populaire. Dans le processus des étapes de vie il y en a une qui peut nous aider à retrouver notre équilibre c'est celle de **découvrir un sens à sa vie**.

Dans les étapes du mythe personnel, que Denis Hertz a identifiées, c'est celle du **paradis reconquis** que j'associe à la mission de vie enfin trouvée. C'est elle qui nous permet de trouver un sens à sa vie (https://fr.jimdo.com/) et c'est elle qui exprime assez bien, cet aspect de mythe personnel favorisant la santé mentale.

En cherchant à découvrir un sens à sa vie, j'ai retrouvé l'auteur Viktor E.Frankle qui a écrit Découvrir un sens à sa vie avec la logothérapie.

« Au cours des trois années qu'il avait passées dans un camp de concentration lors de la Seconde Guerre mondiale, Viktor Frankl avais découvert, autant pour lui-même que pour les autres, que le fait d'avoir un but et un sens à sa vie l'avait aidé à survivre aux conditions inhumaines de détention. Cette recherche de sens a donné naissance à la logothérapie, une approche qu'il a utilisée tout au long de sa vie en captivité et, par la suite, dans la pratique de la psychiatrie. J'ai vécu moi aussi des conditions inhumaines, c'est-à-dire, des expériences éprouvantes, des milieux de vie qui m'ont marqué. Je les ai traversées parce que j'avais la foi mais j'ai compris que j'avais un destin et que ces expériences en faisaient partie.

Un psychologue m'a dit récemment, qu'elles avaient causé un stress post-traumatique qui continuait d'avoir des effets même après soixante-dix années. J'avais donc encore des choses à comprendre. Dans ma formation en Accompagnement spirituel au Centre Le Pèlerin de Montréal,à soixante-neuf ans, j'avais appris que notre mission de vie découlait de notre histoire de vie. J'ai rédigé une biographie afin de trouver ma mission de vie, on m'a dit que j'étais un libérateur de vie. J'avais encore des expériences à vivre, un cheminement à faire dans mes soixante-dixiémes années.

Dans son ouvrage, Viktor Frankl révélait les trois voies qui permettent de donner un sens à l'existence. D'abord, la voie de l'accomplissement, c'est-à-dire la réalisation de sa mission ou la création d'une œuvre. Ensuite, la voie de l'amour qui mène à l'établissement de liens significatifs et favorise le contact avec la nature et l'art. Finalement, la voie de la transcendance qui incite l'individu à adopter une attitude positive face à la mort et aux souffrances inévitables. ».

Ma voie d'accomplissement n'était pas terminée, même après trente années comme art-thérapeute, elle prenait des formes nouvelles comme celle d'aider des personnes fragiles dans leur recherche d'un emploi. Vous pouvez identifier votre voie d'accomplissement. Pour moi celle-ci avait consisté depuis la vingtaine à développer des talents en art, en maîtrise du corps puis en relation d'aide.

Sur la voie de l'amour, j'avais à vivre une nouvelle vie amoureuse qui perdure depuis sept ans. Sur la voie de la transcendance j'ai eu à accompagner un ancien ami de quatre-vingt-dix ans dans sa mort et j'aurai bientôt quatre-vingt ans moi-même. Je ne sais quand viendra ma propre mort.

Le mythe

Revenons au mythe afin d'en avoir une compréhension qui le hisse au-dessus de l'aspect fable auquel nous l'associons le plus souvent. En quoi le mythe et ses liens avec les divinités a-t-il une valeur pour nous ?

Dans son ouvrage *Dieu et mythes de la Grèce antique,* Jacques Desautel dit : « Le mythe est une matière très plastique, il se formule de façons différentes selon le poète qui le raconte. Les dieux grecs tiennent davantage de ces Puissances qui règnent en réseau dans l'univers que des personnalités bien individualisées. Ils n'ont rien de commun avec les Allah, les Jésus, les Bouddha ou les saints d'une église enracinée dans le temps et dans l'histoire. Ce sont les hommes qui leur ont donné leur existence. Des hommes dotés d'imagination comme Hésiode, qui ont décrit les dieux à partir de ce qu'ils connaissaient le mieux, la vie humaine. Ils les ont créés à leur image agrandie par le fait qu'ils étaient des dieux. Ils ne vieillissaient pas, se nourrissaient d'ambroisie et étaient immortels. »

Desautel poursuit :

« Le mythe grec n'est pas une poésie mais d'abord un lieu où s'exprime l'exploration de la profonde inquiétude humaine. Il s'identifiera donc à une pensée vivante et à une force issue de l'intérieur des hommes qui tentent par là d'expliquer le surnaturel et leur dieux. L'homme grec ajoute-t-il cherche la vérité y compris la vérité religieuse, dans des histoires inspirées par les Muses. C'est à travers le mythe qu'il en viendra à se représenter une puissance divine. Le poète est le guide, le théologien, libre d'interpréter le mythe. La philosophie voudra se débarrasser du mythe qui était un récit et non la solution d'un problème mais un récit qui apportait une réponse. Avant la philosophie le mythe était savoir authentique, modèle de la réalité. »

Desautel ajoute :

« Le mythe grec est écrit sur douze siècles, un travail d'imagination et de spéculation. Les créateurs littéraires étaient devenus des théologiens, il leur appartenait d'interpréter les dieux et de les décrire. Le mythe a traversé des périodes d'évolution qui vont de la mise en forme littéraire, à la source de tragédies pour finir par perdre son essence religieuse et devenir matière savante cataloguée. »

Charles Delantre dans son *Manuel de théologie grecque,* renvoie le mythe « à fable, légende ou récit, associé à l'irréel, l'invraisemblable, donc incompatible avec la vérité ou la réalité des faits. » Citant Jean Cocteau disant au sujet du mythe: « ce mensonge qui dit toujours la vérité » il détourne l'opposition entre vrai et faux pour définir le mythe. »

Delantre dit : « Le mythe est devenu aujourd'hui une attitude, un mode de pensée qui existe par lui-même sans avoir à justifier son rattachement à une autre instance. La mythologie a donné l'essence à l'idée de « pensée mythique » Claude Levi-Strauss dit Delantre, la voit complémentaire de la pensée scientifique. Il n'est plus faux, il est autre.

« Le mythe est une forme d'expression de l'imaginaire. La question se pose à savoir s'il existe des mythes contemporains? » Delantre mentionne le Big Bang comme un discours scientifique qui n'échappe pas au discours mythique. »

Dans *La vie religieuse dans les cités grecques* de Michel Faulquier et Jean Luc Villette, on lit:« Le discours mythique ne remplissait pas du tout la même fonction que le discours historique et était plus attractif. Le mythe n'était pas en lui-même d'une nature sacrée, sa fonction première étant d'agrément.

(Citation de J.Rudhart *Du mythe de la religion grecque et de la compréhension d'autrui*) « Toutes les fables ne sont pas religieuses : elles remplissent des fonctions diverses dont la moindre n'est sans doute pas aux yeux des Grecs de les charmer ou de les divertir :il reste cependant que l'image ou le récit mythologique sont un des instruments possibles de la pensée religieuse ».
Faulquier et Villette précisent: « La mythologie marqua l'esprit des fidèles et les incita à la piété envers leurs dieux. Avant l'émergence de la philosophie, le mythe était le seul de tous les discours qui rendait compte de la création du cosmos, de l'origine des dieux et de celle des hommes, des phénomènes à caractère naturel, de l'origine des cités, des institutions, des cultures.

Peut-être une des fonctions du mythe était-elle d'offrir une compensation à l'impossibilité que l'esprit humain avait d'atteindre les réalités divines par le seul exercice de sa raison. Le mythe disait quelque chose du divin sans lui enlever sa part de mystère: de ce point de vue le caractère obscur du mythe hésiodique,(du poète Hésiode) qui mêlait étroitement l'instauration du rite sacrificiel et l'achèvement de la définition de la condition humaine, a valeur d'exemple.

Les historiens et anthropologues modernes estiment que le mythe est riche en enseignements, étant souvent la seule trace littéraire d'un passé immémorial. Le mythe se prête en fait à plusieurs types ou niveaux de lecture: littéraire bien sûr mais aussi historique, psychanalytique et structuraliste. Les mythes sont le reflet des interrogations fondamentales de l'homme.

Les mythes sont le reflet des interrogations fondamentales de l'homme.

Lorsque Joseph Campbell parle de l'histoire dont chacun de nous est le héros ou l'héroïne fait-il allusion à cette catégorie des dieux qu'avaient les Grecs : le héros? En effet dans l'ouvrage de Faulquier et Villette il est fait mention des héros dans ce sens : « Issu du monde divin, ou du moins, distingué par les dieux , le héros disposait d'une puissance particulière qu'il mettait au service d'une communauté. De nombreuses cités eurent ainsi un héros fondateur, rassembleur du territoire de la cité. »

Chapitre 2

Les étapes de vie

1er exercice : le paradis (0-7ans)

La première étape du mythe personnel selon Denis Hertz serait le paradis. C'est un âge d'innocence, d'impression d'être enveloppé par la vie.

L'image que j'ai choisie dans mes dessins pour représenter cette étape est celle où je me trouve dans les bras de ma mère, dans notre cuisine. En dépit d'un climat de tension dans cette famille dysfonctionnelle, je trouve dans les bras maternels, une sécurité.

Les études qui concernent le développement du nourrisson nous viennent surtout de Freud et de Piaget.

De 0 à 2 ans le bébé vit le stade sensori-moteur. Il a besoin de jeux pour mener son expérimentation de toucher, sentir, goûter les objets Il a besoin d'activités variées. Au Québec, madame Gouin Décarie a fait beaucoup de recherche sur le développement de l'enfant. Si cette période est identifiée comme paradis, elle exige la présence des proches pour développer l'intelligence mais aussi l'affectivité. Un enfant dont on ne s'occupe pas, auquel on ne parle pas ne peut pas se développer

De 2-4 ans, on parle du stade pré-opératoire. L'enfant aura besoin d'activités de communication comme celle de chanter et d'entendre des histoires pour développer son langage. Les activités extérieures oû il peut bouger et être en contact avec d'autres, à vivre l'ambiance du groupe oû il apprend à partager développent son affectivité. Il a besoin d'activités dirigées qui développent sa motricité son sens du partage et d'attendre son tour sont importantes. S'il manque de cet aspect mettant en jeu son affectivité il apprend moins bien. Il ne s'agit pas seulement qu'il soit entouré, il faut une variété d'activités.

Note biographique

À six ans, j'ai été envoyé dans un pensionnat ce qui pouvait compenser le fait d'être un enfant élevé seul (enfant unique) par une mère endeuillée et dépressive.

Quel a été votre paradis? Votre mythe personnel commence avec l'enfance ? Le thème du mythe personnel vous permet de vous reconnecter avec cette première étape de votre vie Quelles sont vos réflexions sur cette étape préparatoire à la vie? Écrivez ce qui ressort de cette période où la vie prend soin de vous?

Dans les bras de ma mère Image 1

Dans ma réflexion j'ai fait appel à la notion de mythes sociaux. Qu'est-ce que cela signifie? Les mythes sociaux sont les croyances qui peuvent être fausses ou vraies. On peut parler aussi d'opinions qui circulent comme les légendes urbaines.

Certains auteurs cherchent à détruire ce qu'ils considèrent des mythes qui entourent diverses étapes de la vie. Par exemple il y a des mythes qui entourent les soins à l'enfant, ses besoins habituellement associés avec la mère en tant que mythe maternel mais pourquoi pas avec le père aussi? Qu'en est-il de ce besoin de croire que nous avons été aimé? Est-ce-que ce mythe maternel est un fantasme?

Si on remonte au temps des Grecs on découvre qu'il y avait des mythes contraires en lien avec la maternité. *Le mythe maternel* selon Vinciane Pirenne Delforge dans *La maternité des déesses grecques et les déesses mères entre le mythe, rite et fantasme* parle du rapport des déesses avec la maternité : « Athéna, Artémis et Hestia refusent de se soumettre à la loi universelle de l'union sexuelle. Un tel choix les exclut *a priori* de la sphère des mères, du moins sur le plan biologique. La maternité est aussi métaphore, l'image de la sollicitude, de la générosité et du souci pour ses propres enfants ou pour d'autres figures qui requièrent une protection. Les deux dimensions de la maternité ne sont donc pas toujours associées chez les déesses. »

« Deux exemples seront ici envisagés pour l'illustrer : tout d'abord, celui des « mères » de la *Théogonie* d'Hésiode, ensuite, le cas un peu particulier d'une Athéna « mère » située à Élis. Dans la *Théogonie* d'Hésiode, trois déesses portent le titre de « mère » : Gaia, la terre présente dès l'aube du cosmos, Rheia, l'une de ses filles, et Déméter, l'une de ses petites-filles, qui manifeste le mot *mètèr* dans son nom même. Le cas de Gaia est riche de sens. Elle est la puissante génitrice primordiale qui inaugure l'ordre généalogique de la construction du monde : seule, puis unie au Ciel, elle enfante les composantes de ce monde (v. 126-153). Si comme homme, j'avais exprimé le fantasme de l'instinct maternel et de l'Importance de la relation fusionnelle avec ma mère, ce même fantasme a été remis en question par une auteure qui voulait libérer les femmes d'un rôle qu'elle considérait aliénant. Il s'agit d'Élisabeth Badinter.

Michèle M, Shumaker écrit citant la pensée d'Élisabeth Badinter :

« Attention, cette « mère » qui sait tout ne saurait se trouver dans l'identité de la femme elle-même; car Badinter a déjà tenté de détruire « le mythe » de l'instinct maternel dans son précédent ouvrage, L'Amour en plus, bien qu'elle constate – plutôt contrariée – qu'il ne cesse de resurgir dans le débat public. Non, cette mère qui sait tout est une autre ennemie de la liberté des femmes à s'autodéterminer.

Cette fois-ci c'est la « bonne » vieille Mère Nature qui tombe sous les coups de Badinter, car c'est elle qui a non seulement appelé à un retour au modèle traditionnel de la maternité – qui « de manière évidente » s'oppose à l'émancipation des femmes que leur ont obtenue les féministes sous l'influence de Simone de Beauvoir – mais qui tyrannise également les mères en leur prodiguant de « bons » conseils: accouchement naturel , allaitement à la demande , attachement maternel selon la théorie du lien (de préférence « peau contre peau ») 17 , couches bio-dégradables ou lavables, « cododotage » avec son bébé , abstinence d'alcool durant la grossesse (« zéro tolérance»), de même pour le tabac (même après la grossesse) , pour ne rien dire des relations sexuelles.

(Sur ce dernier point, Badinter ne peut pas s'empêcher d'ajouter avec sarcasme que la « bonne » Mère Nature conseille à ses filles non seulement de dormir avec leurs bébés, mais aussi de donner la priorité à la relation mère enfant sur la relation de couple) En bref, avec le retour du naturalisme, Badinter constate une « douce tyrannie des devoirs maternels », assistée par « l'innocent bébé » qui, « bien malgré lui », est « devenu le meilleur allié de la domination masculine ».

Cet article questionne ce mythe comme étant un fantasme.

Note biographique

Personnellement, je suis né d'une mère qui avait été victime d'inceste à partir de l'âge de dix ans, avec son frère, sept ans plus âgé qu'elle et devenue fille-mère à seize ans. Mariée a 21 ans, elle a eu deux enfants avant moi, le premier mort-né et la deuxième décédée a l'âge de deux ans alors qu'elle me portait, donc elle était une mère trois fois endeuillée. Elle a donc fait ce qu'elle a pu sur le plan affectif avec l'enfant que j'étais. Mon père n'était pas très présent pour l'accompagner dans ces moments de vie. Je crois donc que ce supposé paradis avait ses parts d'ombre pour moi malgré son désir de m'entourer.

Quelle image vous inspire pour illustrer cette étape du paradis dans votre mythe personnel?

Quelle description pouvez-vous faire de cette image qui vous ramène à ce temps de vie? (Écrivez dans votre cahier quelques mots que l'image vous inspire.)

Chapitre 3

Le paradis perdu ou la fin de l'innocence 6-12

L'enfance va nous mener à la préadolescence. Chaque enfant vit dans un milieu où il essaie de prendre tout ce qu''il peut pour trouver son équilibre, son bonheur. C'est l'âge de la vie en famille mais pour certain c'est le déracinement des pensionnats, des familles d'accueil.

Chacun se trouve confronté à des expériences parfois exaltantes parfois déroutantes. Il y a un mélange de découvertes soit sur le plan physique avec le sport, soit sur le plan intellectuel avec les études et les pratiques qui exercent les dons comme la musique, l'art visuel, le théâtre, la danse qui développent des compétences, les aptitudes, les affinités qui détermineront la personnalité et ses caractéristiques. C'est l'âge où tout commence, le cadre familial ne suffit pas, il faut des guides extérieurs, des professeurs qui ouvrent l'esprit, des êtres passionnés et inspirants qui montrent le chemin.

Il est intéressant de revoir la manière dont les grands penseurs sur le développement de la personne en décrivent les étapes et les caractéristiques.

Pour Éric Érickson l'enfant de six à onze ans est au stade 4 et développe le sentiment de compétence au travail ou d' infériorité selon la qualité de l'encadrement qu'il reçoit.

La volonté d'atteindre un but « professionnel » via une réussite scolaire prend le pas sur les volontés de jouer. Les fondamentaux sont développés. Erickson considère son entourage comme individus. Il veut se montrer bon, raisonnable, coopératif et travailleur. Il comprend les concepts d'espace et de temps, devient plus logique, la volonté d'atteindre un but « professionnel » via une réussite scolaire prend le pas sur les volontés de jouer.

Les fondamentaux sont développés. Il considère son entourage comme individus. Il veut se montrer bon, raisonnable, coopératif et travailleur. Il comprend les concepts d'espace et de temps, devient plus logique, commence la volonté d'atteindre un but « professionnel » via une réussite scolaire prend le pas sur les volontés de jouer.

Il commence à donner forme à certaines valeurs morales et reconnaît les différences individuelles et/ou culturelles. Il veut démontrer son indépendance en se montrant désobéissant, en parlant par derrière ou en se rebellant.

Erikson perçoit l'école élémentaire comme un seuil critique dans le développement de la confiance en soi. Dans l'idéal, elle doit apporter de nombreuses opportunités pour l'enfant d'obtenir la reconnaissance de ses parents, de ses maîtres et de ses pairs par l'accomplissement de tâches : dessins, résolutions mathématiques, rédaction et autres.

Erikson établit là aussi un parallèle avec la psychanalyse : pour lui, c'est le stade de latence. Si l'enfant est encouragé à faire et à accomplir des choses et félicité pour celles-ci, il devient « industrieux » et devient plus rapide, plus persévérant et se met au travail avec plaisir. Au contraire, s'il est moqué ou puni, il deviendra inapte à assouvir les attentes de ses maîtres et de ses parents : il développera un sentiment d'infériorité et aura tendance à s'isoler.

Pour Freud le stade 4 correspond à l'âge de sept à douze ans qui correspond à la période de latence. L'école va permettre le développement

Pour Jean Piaget, le stade 3 correspond à l'âge de six à douze ans. Il est capables d'opérations concrètes. A ce stade, nous pouvons parler de logique car les opérations sont coordonnées, groupées en systèmes d'ensemble. En effet, une classe logique, un concept n'existe pas à l'état isolé, il faut plusieurs éléments pour créer un tout ; c'est ce que l'on appelle une classification. De même une relation de comparaison Ex : " plus grand que... " n'existe pas isolée, c'est une partie d'une structure que l'on appelle sériation.

Pour Lawrence Kohlberg l'enfant de sept à douze ans est au stade 3
c'est le troisième stade celui des **relations interpersonnelles et de la conformité (7-12 ans)**[L'enfant intègre les règles du groupe restreint auquel il appartient. Sa principale interrogation est : Que va-t-on penser de moi ?
Quelle image avez-vous choisie pour représenter cette période de 6 à 12 ans qui est aussi celle du paradis perdu, où la conscience est confrontée à la réalité?

L'orphelinat Image 2

Note biographique

Désireuse d'aller sur le marché du travail pour avoir plus d'autonomie financière, ma mère m'envoie dans un orphelinat. C'est ma première expérience de séparation importante. À l'orphelinat je découvre un milieu différent de ma famille. Fils unique, je me retrouve avec beaucoup d'enfants de mon âge. Je me lie d'amitié avec un garçon dont les deux frères jumeaux sont aussi à l'orphelinat. Les parents sont enseignants et ont dû placer leurs enfants pensionnaires afin de poursuivre leur carrière. C'était ma première expérience d'amitié.

Si le placement constituait une rupture d'avec la vie comme je l'avais connue, il proposait des activités qui stimulaient mes dons personnels comme le chant, la narration d'histoires, les jeux en équipes, la gymnastique, les cours de diction, de théâtre en plus des matières scolaires. Il proposait aussi des sorties comme le cirque au Forum avec les acrobates. Il proposait aussi un cadre de discipline avec ses règles incluant des punitions et des récompenses

Paradis perdu

Lorsque Hertz parle de la période du paradis perdu, il fait référence à cette période où on commence à avoir des responsabilités, le monde a des attentes sur nous nous ne sommes plus sous la protection des parents. Nos besoins ne sont pas toujours satisfaits.

Rachel Ltaif qui a écrit *Le mythe de l'enfance perdue* dans l'œuvre de Richard Millet , dit: « Le mythe de l'enfance dans l'œuvre de Richard Millet est un projet représentatif du paysage intérieur de l'être: les images et les figures qui hantent l'écriture de Millet se prêtent à une interprétation mythologique. Nous cherchons une image de cette enfance perdue, oubliée, une image à soigner ou célébrer en soi-même.

À quel âge se produit cette perte de l'innocence ou ce paradis perdu? Doit-on déplorer cette partie de la vie qui prend fin? Il y a divers points de vue pour nous permettre de vivre le processus de révision ou de récapitulation de vie sereinement.

Stéphane Fontaine <stephane.fontaine@ac-besancon.fr> expose d'après *Les Confessions, de Jean-Jacques Rousseau*, la chute de l'enfant à l'enfant perdu à travers le trois mythes : celui de l'**âge d'or** (il perd progressivement son innocence et le bonheur comme aux premiers temps de l'humanité), celui du **paradis terrestre, (autre le paradis céleste)** qui serait le paradis illusoire puisqu'il ne voit que le côté noir,(terre) (il quitte l'univers du Bien pour celui du Mal, comme Adam et Ève), et celui de l'**état de nature** qui serait le paradis reconquis par la réflexion et la mission de vie (hypothèse philosophique qui lui permet de réfléchir sur les fondements de la société). Nous reviendrons au paradis illusoire plus loin.

Pour Rousseau,selon Fontaine,
«L''enfance est plus qu'un âge privilégié, c'est un état d'innocence dont il parle toujours avec respect ; il en a une conception originale qui s'appuie sur trois grands mythes de l'innocence perdue. Nous avons besoin d'avoir plus d'une compréhension du passage de l'enfance à l'adolescence, cette enfance qui n'est pas toujours si innocente puisqu'elle est soumise à diverses réalités qui en troublent la vision idyllique comme les ruptures de couples, la maladie chez les parents, les expériences qui précipitent l'esprit dans l'ambiguïté relationnelle avec les diverses formes d'abus qui plongent l'enfant prématurément dans la sexualité. D'autres enfants semblent bénéficier d'une protection qui fausse leur perception de la réalité. »

Dans un article de Laurence Pean dans le journal *La Croix sur Solstice* de José Carlos Llop *Traduit de l'espagnol par Edmond Raillard, Éd. Jacqueline*

Chambon ,l'auteur dit "*On ne peut faire que trois choses avec le paradis : l'aimer, le perdre, s'en souvenir.* » il a connu un bonheur frugal mais essentiel entre l'âge de 5 et 12 ans. Dans cette chronique intimiste et familiale, il conjugue le verbe aimer dans le présent de ces étés célestes, dans cette Arcadie de l'enfance où *« la beauté avait échoué »*.

Avant la perte et le souvenir reconquis. *« Tous les étés étaient le même été. Notre vie était identique chaque mois d'août. Il n'y avait ni passé ni futur, seulement le présent, un présent solaire, méditerranéen.* »...l'enfant se construit un monde peuplé de *« héros personnels...* Puis un jour l'enfance cède le pas, le paradis s'estompe et se perd dans les méandres de la vie. L'oubli le nécessaire souvenir. » Et cette constante recherche de l'innocence perdue est le socle sur lequel se construit l'œuvre de José Carlos Llop, alchimie subtile de fiction et d'autobiographie.

D'autres semblent penser qu'il ne faut pas idéaliser l'enfance et voir dans le « paradis perdu » l'occasion de grandir, puisqu'il faut y arriver, et pourquoi y mettre tant de temps ? Virginie Meggle sans son article *Abandon...sentiment d'abandon ?* (2003 dans la revue Psychanalyse en mouvement) dit du conte *Le Petit Poucet* qu'il est une métaphore de la nécessité de marquer la distance entre parents et enfants et d'encourager ceux-ci à l'éloignement.

Face à cette histoire, celle de « Tanguy » dit-elle dans le film éponyme d'Étienne Chatillez, n'est guère plus enviable.

« L'enfant comblé, qui ne s'est jamais senti abandonné, refuserait la nécessité de la séparation. Face au sentiment de paradis perdu, de l'union fusionnelle avec la mère, il est préférable dit-elle, d'aider, l'enfant réel ou celui qui reste en soi, à assimiler la « réalité pour soi » de ce qui l'a engendré, à la digérer, à la transformer, en faire une source d'évolution, car passage obligé, contre lequel on ne peut rien, si ce n'est contre soi. »

Pourquoi ne pas chercher le point de vue mythique de la perte d'innocence, ou du paradis perdu ? Jan Bauer durant le *Colloque Renouer avec la Beauté du monde* présentait un propos qui apporte cette contribution mythique avec son propos: « *L'innocence perdue, l'innocence retrouvée* dans lequel elle demande quelle innocence faudrait-il perdre et pourquoi ?

L'innocence qu'il faudrait perdre, selon le mythe est celle décrite dans le dictionnaire comme un état pur non souillé par le mal, non-blâmable. Cette notion dit-elle, évoque l'être humain avant la Chute ou l'enfant nouveau-né. Dans la vie réelle, continue-t-elle, il n'y a pas d'êtres humains vraiment purs et innocents. Nous avons tous notre part d'ombre ».

Selon C.,G.Jung, une des tâches principales de chaque individu est justement d'assumer la pleine responsabilité pour sa propre part d'ombre et la gérer de façon consciente, c'est l'essentiel de l'individuation. Mais pour cela **il faut perdre la notion de sa propre innocence…**

Bauer utilise le mythe de Demeter et de Perséphone .Elle conclut : « Le voyage à travers les enfers et les portes interdites (de Perséphone) nous enlèvent notre innocence primaire, mais il nous prépare à des joies plus durables.». Bauer nous présente le cas d'une personne qui ne voyait le mal nulle part dans le paysage arcadien qu'elle contemplait de sa fenêtre alors que sa famille recelait de symptômes inquiétants qu'elle ne voyait pas du haut de son déni. L'innocence devient alors un refus de voir la réalité.

Pendant que certains acceptent la réalité et s'y ajustent du dedans comme du dehors d'autres cherchent à fuir par leur art dans ce paradis perdu. L'œuvre de Richard Millet commentée par Rachel Lataif dans *Le mythe de l'enfance perdue en est un exemple. Son œuvre* parle de la nostalgie d'un passé que l'auteur cherche à retrouver. Elle cite Bachelard qui dit: « Pour forcer le passé, quand l'oubli nous enserre, les poètes nous engagent à imaginer l'enfance perdue ».

Je présente donc les divers temps de l'enfance et je dirais même de la vie puisque certains gardent leur innocence tard dans leur vie adulte alors que d'autres la perdent très jeune. Il ne semble pas y avoir, pas plus que dans le développement moral, un âge pour atteindre les divers stades. Kohlberg nous fait d'ailleurs comprendre que certaines personnes en restent au stade 1 toute la vie, lequel consiste à être mobilisé par la punition ou la récompense.

Mythe social : Mythe de la famille, mythe du bon père

Note biographique

Ayant fréquenté un orphelinat, je me suis demandé quels mythes sociaux entourent ce sujet. Il existe un mythe de la famille. Dans l'article de Jacques Trémintin *Les maisons d'enfants à l'épreuve du temps* sur le sujet de l'internat ou les orphelinats on cite Bruno Bettelheim d'écrire une sentence qui allait alourdir encore la malédiction qui pèse sur l'internat :

« La pire des familles vaut mieux que le meilleur des internats ! On ajoute : l'accusation est classique dit Trémintin:

« La place des familles devrait être première dans l'éducation de l'enfant et l'internat par sa dérive substitutive chercherait non seulement à les remplacer, mais surtout à les évincer. »

Dans Dunod 2003, l'auteur parle de l'ouvrage de Maurice Berger, psychologue Maurice Berger décrivant l'idéalisation du lien de filiation au détriment de l'attachement :

« Ce qui permet à l'enfant de se structurer et de grandir dans de bonnes conditions, ce n'est pas tant de vivre avec ses géniteurs que de bénéficier de relations satisfaisantes avec eux. Ce dont il a besoin, ce n'est pas d'un lien avec ses parents biologiques qui serait par essence bon, mais de leur présence adéquate lui procurant un sentiment de sécurité et d'estime de soi ainsi qu'un plaisir partagé.

Or, ces qualités, on ne les retrouve pas d'emblée chez les parents. Leur capacité d'attachement peut être suffisante et permettre un étayage suffisant. Mais elle peut tout autant s'avérer défectueuse et s'exercer d'une façon traumatisante, devenant alors source d'une excitation angoissante ou d'une désorganisation pathologique. »

Aussi ne faut-il pas hésiter à le proclamer haut et fort :

« Il est des circonstances où les accidents de la vie obligent les institutions à se substituer aux parents pour le bien de l'enfant. » Cela ne signifie pas qu'il faille le faire tout le temps et pour tous les enfants. Mais il arrive que cela soit nécessaire. Y renoncer, par principe et d'une façon générale, revient à sacrifier l'enfant au mythe de la famille .»

Dans *L'enfant et la souffrance de la séparation* , Berger a choisi d'insister sur la pathologie du lien qui rend tellement difficile le travail d'accompagnement psychique des enfant séparés de leur parents .

« De ce lien primaire dépendrait la capacité d'attachement ultérieure de l'enfant, son aptitude à entrer dans une relation d'échange et de réciprocité, de se constituer en sujet autonome. La séparation est un traumatisme . Tout d'abord, l'enfant éprouve le besoin de revenir au temps '' mythique '' d'avant la séparation. Ce retour est entravé par différentes choses dans la pensée de l'enfant : le déni , où l'enfant refuse d'intégrer la réalité d'une séparation et ses causes ; le clivage , où l'enfant maintient en lui la coexistence de deux modes de pensées antinomiques (une partie très adaptée à la réalité , l'autre s'accrochant à la violence du passé).

Ce clivage empêche l'ambivalence de la pensée de l'enfant. Celui ci ne veut pas travailler sur son passé. Ainsi, on assiste à de nombreux échecs de placement dans le cas où l'enfant refuse de s'attacher à quelqu'un d'autre de peur de rendre mauvais le parent et à l'échec d'explications rationnelles concernant le placement.

De plus l'enfant ne peut se représenter la mère que si celle-ci lui a permis de le faire , c'est à dire qu' elle s'est ''suffisamment '' bien occupé de lui pour lui permettre de se la représenter plutôt que de chercher à la voir tout le temps (à cause de la peur de l'abandon où de la menace).

De la même façon, s'il n'a pas fait d'expérience satisfaisante avec sa mère pour lui permettre d'en avoir une représentation satisfaisante, l'enfant éprouvera le désir de retourner vers ces parents insatisfaisants. Les autres difficultés psychiques ont souvent des effets dévastateurs sur la personnalité : la représentation de soi, entravée par peu d'échanges affectifs précoces peut engendrer la capacité d'apprendre de l'enfant.

La mise à mal de l'estime, de la constitution du narcissisme, qui aide à affronter l'extérieur a de lourdes conséquences: l'enfant est prêt à tout pour éprouver un sentiment d' appartenance et finit, soit par augmenter la valeur qu'il a de lui même, soit par penser ne rien valoir. »

Mythe du bon père

Bruno Décoret, psychologue et chercheur en sciences de l'éducation, est l'auteur de *Pères séparés, pères tout de même* (Anthropos 1997)

Notes biographiques

À cela personnellement je dis que mes parents n'étaient pas séparés mais il n'avaient pas une relation harmonieuse. Mon père m'a dit alors que j'étais un adulte qu'il eut été mieux que j'aie été davantage avec lui qu'avec ma mère. De son côté, elle disait toujours qu'il n'était pas un exemple pour moi. Il dépensait beaucoup d'argent au jeu et rentrait tard après ses virées. J'étais témoin de leurs disputes concernant l'argent, la boisson et les femmes.

La tentation matriarcale dit Decoret est d'autant plus insidieuse qu'elle rencontre peu d'obstacles. «Le père donne souvent le pouvoir à la mère sur le plan éducatif », constate Robert Neuburger (auteur d'On arrête ou on continue ?, Payot, 2002), psychiatre.

« Une tendance qui prédomine également chez beaucoup de professionnels de l'enfance. La plupart des acteurs sociaux continuent à se comporter « comme si le monopole de l'éducation était l'apanage des femmes et que le père n'était qu'un relais »

Un père a ses opinions, ses envies. A lui d'exprimer "sa" paternité. « C'est un autre parent, différent et égal. On ne doit pas exiger qu'il soit le père idéal. Un père a ses opinions, ses envies. A lui d'exprimer "sa" paternité. « C'est un autre parent, différent et égal. On ne doit pas exiger qu'il soit le père idéal, mais le laisser être un père bien réel », conseille Bruno Décoret, psychologue, même s'il a des priorités différentes »

http://chroniquespapaimparfait.blogspot.ca/

Nancy Doyon dans une chronique du Soleil parle du bon père : «

Selon moi, un bon père est d'abord et avant tout un père heureux. Il convient d'incarner la stabilité, la fiabilité, la connaissance, le réconfort et le bonheur. Le bon père sait que ses enfants l'observent et qu'il est leur modèle, celui sur lequel ils s'appuieront durant des années et se définiront, du moins jusqu'à ce qu'ils se découvrent d'autres héros (athlètes professionnels, chanteurs, acteurs, professeur, premier/ère amoureux/se, etc.).

Le papa a quelques années d'exclusivité pour inculquer ses valeurs et faire de ses enfants des citoyens responsables, curieux, ouverts d'esprit, fiers d'eux, passionnés et capables de raisonnement. Il apprend à ses enfants que, dans la vie, on n'a pas toujours tout ce qu'on veut, ni au moment où on le veut. Qu'il faut parfois faire des choix. Et des sacrifices. Il leur apprend le discernement.

Il leur apprend la valeur des choses. À peser le pour et le contre. À aller voir l'autre côté d'une médaille. Il partage ses passions. Il apprend à ses enfants à découvrir leurs propres champs d'intérêts et à les développer. Il leur dit d'être entreprenants, d'être fiers de ce qu'ils accomplissent et que pour être le meilleur, il faut être meilleur que le meilleur. Qu'il faut mériter le respect. Qu'il faut garder la tête haute dans l'adversité et non pas tendre l'autre joue. Que le bonheur est à portée de main, souvent dans de petites choses. Qu'un échec n'est pas la fin du monde. Que la vie continue, malgré tout. Le bon papa passe du temps de qualité avec ses enfants. Ça ne veut pas dire qu'il est disponible 24h sur 24 et qu'il répond instantanément à l'appel. Il a le droit de terminer sa conversation avec maman avant de répondre à une question. Il n'est pas le serviteur. Il ne répète pas trois fois une consigne. »

Mythe de la bonne mère

5 avril 2006) - « La bonne mère, je n'y crois pas! Cette perception obligée n'est que le résultat d'une société qui s'invente de nouveaux repères en magnifiant le rôle de la mère. » - Micheline Lanctôt.

« Dans la plupart des cultures, la mère se doit d'être la figure emblématique du bien, de la compassion, du sacrifice, de l'abnégation, du don de soi, de la douceur et de la moralité. Le documentaire Le mythe de la bonne mère propose

une réflexion sur le rôle de la mère aujourd'hui et sur son évolution au cours du temps.

Le rôle de la mère, comme son image, a évolué durant le dernier siècle. Influencée par les grandes guerres et les multiples révolutions culturelles, la maternité est devenue progressivement sacrée. La notion de la bonne mère existe-t-elle? Et si la maternité n'était qu'un instinct, présent chez la femme à divers degrés? Réalisatrice: Micheline Lanctôt Production: Christal Films Productions Inc. »

Chapitre 4

Les paradis illusoires (14-21) L'adolescence 12-18 ans

Selon qu'on utilise les cycles de sept ans l'adolescence se situe entre 14 et 21 ans ou de 12 à 18 ans)

Dans les étapes de vie, nous ne sommes pas encore dans notre mission de vie mais chaque période représente un fil conducteur de l'essence que nous sommes. Toutes les expériences font partie de la trajectoire. La déception du paradis perdu peut nous entraîner dans une recherche de compensation. Nous n'avons pas la capacité de voir clair et nous pouvons nous perdre dans des paradis illusoires,

Pour Freud l'être humain est au stade 4, l'âge de la puberté. C'est la fin de la période de latence et l'approche de la puberté.

Pour Jean Piaget il est aussi au stade 4, à douze ans, et il est capable d'opérations formelles C'est la capacité de penser en termes de concepts abstraits, on parle d'opérations formelle.Il comprend les concepts d'espace et de temps, devient plus logique, commence à comprendre les liens de cause à effet. Il peut accomplir des tâches complexes: lire, écrire. C'est la période avant l'adolescence soit la pré-adolescence.

Pour Lawrence Kohlberg qui s'intéresse au développement il est au stade 5 entre dix et quinze ans. Il accepte comprend l'autorité et l'ordre social. Pour Kohlberg c'est le stade du développement moral où le jeune respecte les conventions sociales, l'autorité. Il considère son entourage comme individu. Il veut se montrer bon, raisonnable, coopératif et travailleur.

Pour Eric Érickson, il est au stade 5- entre 12-18 ans. C'est une période de confusion des rôles, donc de trouver son identité et sa capacité de fidélité dans une relation. c'est une période de réflexion sur qui suis-je? On veut démontrer son indépendance en se montrant désobéissant, en parlant par derrière ou en se rebellant.

Si l'enfant est encouragé à faire et à accomplir des choses et félicité pour celles-ci, il devient « industrieux » et devient plus rapide, plus persévérant et se met au travail avec plaisir. Au contraire, s'il est moqué ou puni, il deviendra inapte à assouvir les attentes de ses maîtres et de ses parents : il développera un sentiment d'infériorité et aura tendance à s'isoler.

Quelle image ce thème des paradis illusoires vous inspire-t-il?

Passion pour le cinéma

Note biographique

Les affrontements entre mes parents pouvaient être des sources de terreur. J'avais du mal à m'endormir et mes parents me laissaient dormir avec eux afin de m'apaiser. Certaines expériences de sexualité avec un oncle qui venait dormir à la maison pouvaient perturber le sens d'affectivité.

À dix ans, après l'effondrement de ma mère, atteinte de sclérose en plaque à trente-deux ans, j'étais retiré de l'orphelinat et je devais dorénavant fréquenter l'école paroissiale. Ayant déjà pris des cours de diction à l'orphelinat, j'avais appris que mon professeur Liette Duhamel habitait dans notre paroisse et j'avais recommencé les cours avec elle.

J'avais été recommandé par mon titulaire de classe et choisi pour jouer le rôle de l'enfant dans la pièce L'enfant maudit, avec une troupe d'adulte qui l'avait montée pour le 150ième anniversaire de la paroisse. C'était une expérience un peu traumatique pour laquelle j'aurais eu besoin d'être préparé pour me situer dans le sens que je devais y trouver. Le scénario était un peu bancal, L'enfant était sous l'emprise d'un hypnotiseur qui cherchait a le rendre coupable d'un vol qu'il avait lui-même commis. Le personnage de l'hypnotiseur était volontairement sinistre.

À douze ans, j'enviais ma mère qui allait régulièrement au cinéma. Je me vieillissais avec un chapeau rabattu sur le front et un imperméable à la Humphrey Bogart pour entrer. Curieux, je voulais voir les films dont ma mère me parlait ce qui me permettait de m'évader de la réalité dans la mélancolie des films. Je n'aimais pas les films d'action, il me fallait un climat qui me rappelait probablement le côté sentimental de ma mère.(Né d'un père inconnu)

Â quinze ans j'étais, je crois bien, un adolescent perturbé. Je cherchais le bonheur dans la masturbation seul ou avec d'autres mais aussi dans la musique, l'écriture et la peinture que je découvrais. J'avais vécu certaines expériences traumatiques dont je n'avais pas eu l'occasion de parler avec mes parents. J'en avais seulement parlé avec mon directeur spirituel. Je pense que mes parents ne savaient pas comment aborder une expérience d'inceste avec un oncle.

Si vous avez vécu des expériences dont votre famille n'a jamais été capable de parler avec vous pour vous aider à démêler vos sentiments, vos émotions en lien avec l'expérience.

Je pense aussi au climat de confrontations, de querelles entre mes parents que je devais réussir à intégrer sans l'aide de mes parents. Vous vous reconnaissez peut-être dans cette expérience dans votre vie d'enfant et d'adolescent

Je me suis posé la question, à savoir quels étaient ces paradis illusoires qui nous permettent de survivre à la déception, aux échecs amoureux, aux échecs identitaires, aux blessures narcissiques. J'ai l'impression qu'il s'agissait de trouver des moyens d'échapper à la morbidité de notre famille. Comment sait-on si on est dans le vrai bonheur? Et lorsqu'on fuit, est-on forcément dans l'illusion?

Dans le journal *Le Monde,* le 21 juin 2013, un article était consacré à *Quand la musique active la chimie du cerveau* . On pouvait y lire qu'un des thèmes préférés du neurologue Pierre Lemarquis, était l'action de la musique sur le cerveau et notamment la manière dont elle active la production d'un certain nombre de molécules chimiques, de neurotransmetteurs (dopamine, endorphines, adrénaline…). Ce qui explique par exemple pourquoi certains airs vous donnent des frissons. Peut-on en abuser? Est-ce une drogue douce, une drogue récréative inoffensive?

Dans un Blog de philosophie de Laurence Bouchet et d'élèves du lycée Xavier Marmier de Pontarlier, Claire élève de terminale propose des pensées de Freud tirées de *La religion ou l'avenir d'une illusion.* Qu'en est-il des religions?

Note biographique

Pendant longtemps, je me précipitais à l'église pour chercher la paix intérieure et être rassuré et guidé dans mes situations de vie troublantes. Je lis dans Freud que la religion sert d'exutoire. En effet, c'est une **illusion** permettant de fuir cette réalité effrayante. Quoi de plus rassurant que de savoir la présence d'un « Père » qui assure une providence et une vie future, récompense, châtie et efface la peur de la mort par l'accès au paradis ?

J'étais dans la chorale des petits chanteurs à la croix de bois, du Frère Julien, constamment nourri de chants du répertoire religieux ou classique qui me procuraient beaucoup d'émotions qui se mélangeaient à mon lien avec la religion. C'était une sorte de paradis qui me consolait du paradis perdu par des paradis illusoires.

Laurence Bouchet poursuit : « Même avec l'âge, l'angoisse de la perte d'amour et de protection ne disparaît pas, c'est pourquoi FREUD parle de **névrose de l'humanité**...Cependant ce drame collectif peut être surmonté car la religion est une étape transitoire dans l'évolution de l'humanité. Il s'agirait de passer de la domination du plaisir à l'acceptation de la réalité bien que ce soit une voie longue et difficile. Pourtant le processus est déjà commencé car l'essor de la science a favorisé l'abandon de la religion considérée comme vieillie et repoussante.

En effet, d'après Freud, **seule la science** qui n'est pas une illusion mais **une forme de sagesse**, peut estomper voire supprimer la religion et cela serait « un espoir pour l'avenir, un trésor à découvrir et un **enrichissement** pour la culture. Le renoncement à la religion serait un gain car les lois seraient instaurées non par un pouvoir arbitraire mais par les hommes pour leur propre intérêt. Ainsi les lois d'aujourd'hui ne sont-elles pas créées pour le bien commun de l'homme ? »

Lévy Marc-Léopold, dans « *Contre les paradis artificiels, des soins qui ne soient pas illusoires* », La clinique lacanienne, 1/2011 (n°19), p. 51-70 répond.

« Avant tout, il faut savoir que nous sommes tous des drogués, ce qui ne signifie pas que nous sommes tous des toxicomanes. Car nous sommes tous condamnés à chercher éperdument la jouissance que l'on soit gastronome, sportif, séducteur…D'ailleurs, le terme « défoncé » s'emploie aussi bien dans un sens péjoratif – quand on se défonce à l'héroïne, par exemple – que dans un sens positif, quand on s'adonne « à fond » à une activité valorisée – quand on se défonce au travail, par exemple.

Si drogue et jouissance sont liées, examinons d'abord ce qu'est la jouissance. En commençant à exister, en devenant sujet réflexif, en prenant conscience de nous-mêmes, nous cessons de consister, (drôle de mot) nous ne sommes plus cette entité sans manque, satisfaite d'elle-même, que nous cherchons à retrouver à travers n'importe quel objet de désir en en espérant vainement la jouissance… car il y a plusieurs jouissances.

Mais dans ce qui nous intéresse ici, nous considérerons deux jouissances: d'une part, les jouissances à « circuit long », comme les appelait Françoise Dolto. Il s'agit des jouissances soumises au principe de réalité, c'est-à-dire celles pour lesquelles le sujet admet d'avoir à renoncer à une jouissance immédiate afin que son désir aboutisse.

Cela se fera au prix d'un certain travail qui non seulement sera valorisé socialement, mais surtout aura le mérite, en se heurtant à la résistance propre à l'objet de désir, d'élaborer la coupure entre l'objet et le sujet participant ainsi à sa constitution; d'autre part, les jouissances à « circuit très court » qui ne nécessitent pas de travail pour l'obtention de leur aboutissement.

Une des plus rapides, c'est la jouissance ravageante (ravageuse) obtenue par l'injection ou l'ingestion d'un produit qu'on appelle drogue. C'est une jouissance ultrarapide, puisqu'il suffit d'ingérer le produit pour obtenir une forte jouissance.

Cette jouissance ressemble presque à la jouissance sexuelle, bien qu'elle nie cette dernière, dans la mesure où la drogue, comme le sexe, conjoint la jouissance d'organe, la jouissance du corps et la jouissance psychique. Mais dans l'échange sexuel, on établit un rapport avec un autre: même si on a l'impression de s'y perdre, le fait de la différence, le fait qu'il y ait de l'autre – même dans le cas de l'homosexualité – permet que l'on s'y retrouve en tant que sujet, contrairement à ce qui se passe avec la drogue. C'est en cela que la drogue est si dangereuse.

Freud adopte une attitude identique. Il franchit un grand pas en refusant de classer celle-ci parmi les « tares » ou les « anomalies » de la sexualité, comme le faisaient les sexologues de son temps. Il ne considère pas que les homosexuels commettent des « actes contre nature ». Il refuse toute forme de stigmatisation fondée sur la notion de « dégénérescence ». En d'autres termes, il ne sépare pas les homosexuels des autres êtres humains et considère que chaque sujet peut être porteur de ce choix, du fait de l'existence en chacun de nous d'une bisexualité psychique. À certains moments,

Freud n'exclut pas l'existence d'une prédisposition organique dans la genèse de l'homosexualité, bien qu'il reste persuadé que pour un homme, comme pour une femme, le fait d'être élevé par des femmes favorise l'homosexualité.

Autrement dit, si l'homme au sens freudien est marqué par la tragédie du désir, l'homosexuel n'est autre, au regard de ce tragique humain en général, qu'un sujet plus tragique encore que ne l'est le névrosé ordinaire, puisque son choix sexuel le met au ban de la société bourgeoise. Son seul recours est alors de devenir un créateur afin d'assumer le drame qui est le sien. On trouve cette position dans l'ouvrage que Freud consacre à Léonard de Vinci . Et c'est dans ce livre de 1910 qu'il renonce à utiliser le mot « inverti », au profit du terme d'homosexualité.

Freud ne classe pas l'homosexualité *en tant que telle* dans la catégorie des perversions sexuelles et il condamne toutes les formes de discriminations qui pèsent sur les homosexuels de son temps. À cet égard, il universalise la catégorie de la perversion et ne la réserve pas aux homosexuels, bien que les homosexuels soient souvent à ses yeux des pervers. Elle est partagée par les deux sexes puisqu'elle ne se résume pas à une perversion sexuelle.

L'universalisme freudien est donc beaucoup plus progressiste que le différencialisme des sexologues et des psychiatres de la fin du XIXe siècle qui traitent les homosexuels comme des « anormaux » ou comme des malades mentaux, reconduisant ainsi la catégorie chrétienne du sodomite, maudit parmi les maudits, et coupable de tous les péchés.

En 1920, à propos d'une jeune fille viennoise qu'il a eue en traitement parce qu'elle aimait une femme et que ses parents voulaient l' obliger à se marier. Freud donne sa définition canonique de l'homosexualité qui récuse toutes les thèses sexologiques sur l' état intermédiaire, le « troisième sexe » ou « l'âme féminine dans un corps d'homme ».

À ses yeux, elle est la conséquence de la bisexualité humaine et elle existe à l'état latent chez tous les hétérosexuels. Quand elle devient un choix d'objet exclusif, elle a pour origine chez la fille une fixation infantile à la mère et une déception à l'égard du père.

Dans ce texte, Freud apporte un éclairage clinique à cette question en montrant qu'il est vain de chercher à « guérir » un sujet de son homosexualité quand celle-ci est installée et que la cure psychanalytique ne doit en aucun cas être menée avec un tel objectif.

Un an plus tard, dans *Psychologie de masses et analyse du moi*, il donne une définition plus claire de l'homosexualité masculine : elle survient après la puberté quand s'est produit, durant l'enfance, un lien intense entre le fils et sa mère.

Au lieu de renoncer à elle, celui-ci s'identifie à elle, se transforme en elle et recherche des objets susceptibles de remplacer son moi et qu'il puisse aimer comme il a été aimé de sa mère.

Enfin, dans une lettre du 9 avril 1935 adressée à une femme américaine dont le fils est homosexuel, et qui s'en plaint, il écrit: « L'homosexualité n'est évidemment pas un avantage, mais il n'y a là rien dont on doive avoir honte, ce n'est ni un vice, ni un avilissement et on ne saurait la qualifier de maladie; nous la considérons comme une variation de la fonction sexuelle, provoquée par un arrêt du développement sexuel.

Plusieurs individus hautement respectables, des temps anciens et modernes, ont été homosexuels et parmi eux on trouve quelques-uns des plus grands hommes (Platon, Michel-Ange, Léonard de Vinci, etc.). C'est une grande injustice de persécuter l'homosexualité comme un crime et c'est aussi une cruauté. Si vous ne me croyez pas, lisez les livres d'Havelock Ellis . » Il ajoute encore qu'il est vain de vouloir transformer un homosexuel en hétérosexuel.

Il est vain de vouloir transformer un homosexuel en hétérosexuel. **Freud**

Dans l'histoire du mouvement psychanalytique, c'est Ernest Freud d'un côté et Anna Freud de l'autre qui furent, contrairement à Freud, les tenants d'une attitude régressive à l'égard de l'homosexualité.

Les recherches contemporaines ont démontré que les humains peuvent être classifiés comme purement hétérosexuels, moyennement bisexuels avec des degrés d'hétérosexualité et d'homosexualité ou purement homosexuels. La sexualité quelle qu'elle soit représente une source de plaisir pour l'être humain qui doit être acceptée comme une réalité. Comment doit se développer la sexualité d'un enfant est une question qui mérite une réflexion. Les parents doivent-ils encadrer leurs enfants et les protéger d'expériences qui peuvent les bouleverser leur développement?

Note biographique

J'ai personnellement provoqué la séparation de mes parents en 1954, je venais d'avoir quatorze ans et ayant été témoin d'une scène 'une grande violence, j'avais convaincu ma mère de quitter mon père. Ma mère m'avait confié à son frère un pédophile de cinquante ans. (Je ne sais pas si elle connaissait ce trait de son frère. Il lui avait dit que si jamais elle avait besoin d'aide à mon sujet qu'il pouvait s'occuper de moi).

Je connaissais l'homosexualité mais je n'avais jamais vécu avec un homosexuel. J'ai vite compris la réalité de mon oncle et libéré de mon père je croyais que la vie m'avait donné une figure paternelle meilleure. Pendant les six mois que j'ai passé avec lui j'ai fini par déchanter de cette situation car je n'éprouvais pas d'amour pour mon oncle et je voulais m'en libérer, ce qui était normal. Qu'en était-il de l'inceste homosexuel que j'avais vécu? Une telle situation dénoncée aurait peut-être envoyé mon oncle en prison car j'étais mineur. J'aurais à découvrir mon identité sexuelle et développer des relations qui correspondraient à mes désirs dans l'avenir. Un directeur spirituel m'avait dit que j'avais été victime d'un pauvre malheureux. Il s'agissait de recadrer l'expérience. Utiliser un adolescent pour ses besoins sexuels n'était pas souhaitable. Cela ne condamnait pas son homosexualité mais son manque de responsabilité face à un mineur.

J'ai découvert qu'il existait des mythes sociaux sur l'inceste homosexuelle *La pseudo homosexualité grecque et le "miracle grec* par Georges Devereux Texte paru en français dans Ethnopsychiatrica

« L'homosexualité grecque fut un phénomène à la fois psychologique et sociologique; pour autant qu'elle fut un comportement individuel, elle doit être expliquée psychologiquement, en tant qu'activité culturellement encouragée, de manière sociologique.

Des explications multiples et également complètes sont courantes dans le monde scientifique. L'homosexualité grecque était un phénomène à la fois psychiatrique et culturel; son interprétation requiert donc l'utilisation conjointe de données cliniques et socio-(ethno)logiques.

La capacité de " fonctionner " homosexuellement fait partie du répertoire potentiel global de l'humanité, au même titre que la capacité (également anormale) d'avoir des visions. Le névrotique actualise de telles potentialités poussées par des besoins idiosyncrasiques; dans une large mesure les Grecs manifestèrent les leurs en réponse à une demande culturelle

Cela ne signifie pas que l'actualisation de notre potentiel humain global soit normale, simplement parce qu'elle répond aux pressions culturelles; la société exige souvent de ses membres qu'ils se comportent anormalement et récompensent ceux qui obtempèrent à cette demande: la Pythia (rendait des oracles répétant ce que lui dictaient les dieux) , les Bakchai, (connues aussi comme les bacchantes, qui semblaient dire qu'il était dangereux de nier ou ignorer les désirs humains pour l'expérience dyonisiaque) le berserker,

Les Berserkers *étaient une secte de guerriers qui adoraient Odin et qui sous l'effet de drogues, hydromel et champignons, étaient possédés d'une fureur) .le ghazi ,(musique) le visionnaire crow .(Le visionnaire était « adopté » par un protecteur surnaturel qui lui apprenait à réunir certains objets pour former son « paquet sacré ». Il avait le droit de vendre une partie de son pouvoir à ceux qui n'avaient pas eu de visions et de fabriquer pour eux des doubles de son « paquet sacré ».)*

Une question se pose impérativement: pourquoi les garçons se tournaient-ils vers des hommes adultes et vice-versa. Lysimachos confessant ses insuffisances en tant que père nous en fournit la réponse . Habituellement, le père grec se souciait peu de son fils; au lieu de cela il s'occupait du fils (qui l'attirait sexuellement) d'un autre homme.

Le garçon, quant à lui, ayant besoin d'un père effectif sur lequel se modeler devait compter sur son érastes qui jouait également le rôle d'un père suppléant. C'est là le phénomène anthropologique bien connu du " paternage " déplacé, un peu plus commun dans les groupements matrilinéaires que patrilinéaires.

Que la présence de ce phénomène au sein de la société grecque ait quelque portée sur l'hypothèse toujours débattue du matriarcat pré-hellénique, c'est là un problème qu'il vaut mieux laisser au spécialiste. Tout ce qu'on peut en dire est qu'il semble sous-tendre quelques mythes grecs . »

Quels mythes existait sur l'adolescence?

Dans Le mythe de l'adolescence 07-09-2014. Cyril Malka auteur de *Les enfants* s'exprime sur des mythes entourant cette période de la vie qu'on appelle adolescence. « *Le cerveau en développement de l'adolescent serait selon certains chercheurs la raison principale des problèmes émotionnels et du comportement irresponsable des ados.*

Il est dangereux de croire que des photos d'activité cérébrale dans certaines régions du cerveau nous donnent des informations fiables pour analyser les raisons de nos pensées, de nos émotions et de nos comportements.

Le fait est, que le cerveau est modelé par les gènes mais aussi par les influences sociales. La croyance que les problèmes des adolescents viennent de leur développement cérébral n'est qu'un mythe au sens de fausseté répandue.

Ce mythe fait partie, d'un autre mythe plus grand, qui annonce que les ados sont quelque part incompétents et irresponsables »

Le chercheur G.Stanley Hall, responsable de ces assertions s'était basé sur les ados américains en pleine révolution industrielle. Pour Hall qui croyait à la théorie biologique de la récapitulation l'adolescence était une phase sauvage de l'évolution humaine. Mais en 1930 la théorie de la récapitulation était prouvée fausse et abandonnée mais cela ne fut pas annoncé au grand public.

Il suffit dit Malka de comparer les adolescents dans différents pays du monde car s'il s'agit d'un trouble physique, d'un développement biologique de l'enfant, on devrait pouvoir trouver ces problèmes dans toutes les régions du monde, dans tous les pays du monde, dans toutes les peuplades du monde.

En 1991, l'anthropologue Alice Schegel de l'université d'Arizona et le psychologue Herbert Barry III de l'université de Pittsburg ont fait des recherches sur les adolescents de 186 sociétés préindustrielles, dit Malka.

« Ils ont trouvé qu'environ 60% de ces sociétés n'ont pas de mots pour définir « adolescence ». on est des enfants puis on devient adulte. Les ados passaient la plupart de leur temps avec les adultes, non avec d'autres adolescents ou avec des enfants. Ils passent leur temps avec des adultes et ils apprennent à devenir adultes.

Aucun de ces ados, selon cette recherche ne montrait des signes de psychopathologie ou de comportement antisocial dans plus de la moitié de ces cultures et seulement très peu de symptômes dans l'autre moitié de ces cultures. D'après eux, les troubles de l'adolescence ont commencé avec l'introduction dans ces sociétés préindustrielles de l'influence occidentale, spécialement l'introduction du système d'éducation occidental ainsi que de la télévision et des films.

Les différentes œuvres d'historiens sont tout à fait en phase avec ces observations modernes. Pendant des centaines d'années, la transition vers l'âge adulte se passait sans grands problèmes. Les ados n'essayaient pas de se libérer ou d'effectuer une cassure envers les adultes.

Malka parle du docteur Robert Epstein qui a fait des recherches intensives sur ce phénomène a conclu que : « Ce problème est assez récent et est le résultat d'une extension artificielle de l'enfance. Ce dernier siècle on a infantilisé les jeunes et on a traité des gens de plus en plus âgés comme s'ils étaient des enfants. Les adolescents restent isolés des adultes de plus en plus longtemps, ils n'ont comme modèles que d'autres adolescents et non des adultes, ils sont surprotégés et traités comme des enfants incapables de gérer quoi que ce soit jusqu'à un âge avancé.

On peut voir une relation directe entre les ados infantilisés et les troubles psychologiques Qu'en est-il du cerveau? Les changements observés ne se produisent pas seulement pendant l'adolescence. Tout comportement et toute émotion seront réfléchis dans la structure du cerveau mais le cerveau n'en est pas la cause. Le stress cause une hypersensibilité des neurones qui produisent de la dopamine. Celle-ci continue même si les neurones sont enlevés.

Si les adolescents sont en difficultés nous trouverons certaines substances correspondantes dans leur cerveau mais est-ce que ces problèmes ont été causés par le cerveau ou ont altéré le cerveau demande Malka? Le fait est dit-elle que les adolescents sont extrêmement compétents, même s'ils n'expriment que rarement cette compétence.
Pour ce qui est de la taille du cerveau elle serait à son maximum `lorsque nous avons quatorze ans. Il nous faut repenser la place et le rôle de l'adolescent dans la société.
Aujourd'hui que l'adolescent est prisonnier d'une culture à part, qu'on pourrait appeler « la culture de l'adolescence », il n'apprend que par des jeunes de son âge plutôt que par les personnes qu'il doit devenir, i.e. des adultes. Il est isolé et traité comme un enfant.

Il n'y a rien d'étonnant à ce que certains adolescents ont une tendance à se comporter comme des enfants irresponsables. Mais ajoute-elle, on peut constater heureusement que lorsqu'on traite l'adolescent en adulte, celui-ci change très rapidement dans ce sens et devient rapidement responsable.
Il est grand temps d'arrêter les frais et ce mythe du cerveau immature de l'adolescent et de commencer à traiter les adolescents comme ce qu'ils sont : des jeunes adultes pleins de possibilités. »

Note biographique

À quatorze ans, en vivant avec un oncle qui avait trois fois mon âge, je le voyais comme un mentor. Contrairement à mon père qui m'enseignait rarement des manières de penser, mon oncle cherchait à partager son expérience de vie en tant qu'homosexuel. Il cherchait à me faire accepter ce mode de vie et la relation avec lui. Il voulait démystifier les préjugés religieux appris au collège, Mes conversations avec lui étaient plutôt adultes

Comme il avait vécu son enfance sur une ferme, je découvrais des travaux de ferme pour la première fois car il élevait quelques animaux (bœuf, poules) et j'ai participé à tuer une poule pour la première fois de ma vie. Je peux comprendre qu'ayant été élevé sur une ferme à avoir des tâches, il se sentait adulte très jeune.

Mon père avait appris son métier de cordonnier de son père, c'était une transmission intergénérationnelle qui l'avait plongé dans l'univers des adultes à l'adolescence.Il avait travaillé sur les bateaux et avait appris la soudure. Par contre après ma naissance, il ne pratiquait plus ce métier et travaillait comme ferblantier pour un atelier à Montréal. Je n'ai jamais vu mon père travailler dans ce nouveau métier. J'étais étudiant dans un collège classique, ces études lui étaient étrangères. C'est ma mère qui avait suivi le conseil d'un voisin qui était professeur qui m'avait envoyé au collège. J'étais plus instruit que mes parents et je me sentais supérieur et en même temps insécure. Il y avait un manque de complicité entre mes parents et moi, surtout avec mon père. Mon père n'étant plus mon parent éducateur pendant mon séjour chez mon oncle, il ne pouvait jouer son rôle de parent. Il m'avait téléphoner pour me demander si j'allais bien. Je n'avais pas su comment répondre à cet appel, préférant le tenir à distance, vu la séparation que j'avais souhaitée. Il aurait fallu qu'il utilise son droit légal de parent pour me retirer de cette situation inappropriée.

Comment ces propos vous rejoignent-ils?

Chapitre 5

Jeune adulte 18-35ans

Dans les cycles de sept ans, cette période comprend (14-21ans), (21-28) et (28-35 ans).

Sans cette période du stade 5 qui va de (18 ans +) Pour Kohlberg Le jeune intègre les normes sociales. Il respecte les lois même si cela va contre son intérêt et qu'il sait pouvoir échapper à la sanction. On peut parler d'amour des lois ou de souci pour le bien commun. Il commence à vivre sa sexualité. Il découvre les relations amoureuses. Il endosse la notion de **Contrat social**

Pour Érickson le stade 6 va de **18 à 34 ans) est celui de l'Intimité vs Isolement** Le jeune adulte est préoccupé de la manière dont les autres le perçoivent. Il change beaucoup physiquement.

Son ego surdimensionné accroît la confiance en soi et en un avenir prometteur. Le sens de l'identité sexuelle se développe également vers la fin de l'adolescence. Dans cette transition entre enfance et monde adulte, l'adolescent pèse le pour et le contre dans les rôles qu'il pourrait jouer plus tard.

Au départ, il rencontre de la confusion et il est porté à tenter diverses expériences dans les tâches et les comportements (baby-sitting, affiliation à des groupes politiques ou religieux...). Ce point névralgique de l'identification ressemble à une sorte de réconciliation entre « la personne à être » et « la personne dont la société espère la venue ».Ce sens émergeant de l'identité se forge au travers de la synthèse des expériences passées et les anticipations du futur. Dans cette recherche personnelle,

Erikson parle d'un « moratoire » donné par la société aux adolescents qui peuvent alors se livrer à diverses expériences. Comme pour les autres stades, les forces bio-psycho-sociales entrent en jeu. Parfois les adolescents entrent en conflit avec leurs parents quant à leurs orientations politiques ou religieuses.

Parfois, les adolescents peuvent choisir leur orientation professionnelle et d'autres fois, ce sont les parents qui ont un rôle décisif. D'autres fois, les adolescents subissent des pressions et acceptent « au forceps » d'expérimenter une voie alors que d'autres le tenteront d'eux-mêmes. Peu importe comment surgissent les choix du moment qu'ils sont ou deviennent personnels.

Selon Erikson : quand un adolescent balance entre « Qu'est-ce que je veux ? » et « Qu'est-ce e que je vais faire avec ? », il construit son identité. C'est là qu'intervient la fidélité en tant que moyen de soutenir une certaine loyauté dans un moment de contradictions et de confusions inévitables au sein d'un système propre de valeurs. Même si l'on donne 20 ans comme âge de « fin » de ce stade, celle-ci est fréquemment dépassée.

Il y a un chevauchement dans les âges reliés aux stades car chaque personne ne les atteint pas nécessairement à l'âge indiqué. Il en va de même pour la mission de vie. Il se peut que vous soyez dans votre mission de vie dans la vingtaine ou jeune trentaine. La valeur n'attend pas le nombre des années tout comme la maturité.

Quelle image avez-vous de cette période des paradis illusoires et des questionnements de l'adolescence?

Note biographique

À mon retour de Hyde Park, j'avais exprimé le désir que mes parents reviennent ensemble. La situation était tendue. Je vivais une grande confusion par rapport à mon identité. Mon père avait une attitude homophobe à l'occasion. Un soir, j'avais dit à ma mère que si mon père me blessait encore en faisant allusion à mon homosexualité., que je le tuerais. Est-ce que je le pensais vraiment? J'avais besoin qu'il me reconnaisse, pas qu'il me détruise par ses paroles. Dans notre relation avec notre père il y a parfois un besoin de le tuer. Lorsque j'étais revenu de chez mon oncle, mon père n'avait jamais parlé de cet incident.

À 18 ans, mes études secondaires terminées, j'ai vécu une période de grande incertitude à la fois identitaire, relationnelle et professionnelle. Je n'arrivais pas à démêler l'ambivalence dans une relation avec une jeune fille avec laquelle je chantais dans la chorale de l'école qui m'exprimait des sentiments amoureux et avec un garçon dont je croyais être amoureux qui me tenait à distance. J'étais ami avec Paul depuis deux ans et je me sentais amoureux de lui mais il me disait que si nous devenions amants cela briserait notre amitié. Il s'est produit en moi un mouvement qui m'a propulsé dans la religion. Je commençai à penser que je voulais entrer dans un monastère. Était-ce pour échapper à mon dilemme, pensant que la religion m'apporterait la paix. Une religieuse m'a soutenu dans cette démarche. Elle m'a suggéré de faire un séjour au monastère Saint-Benoit du Lac pour y voir clair Un moine m'avait recommandé vu que j'avais seulement dix-huit ans de terminer mes études pour envisager la prêtrise. J'ai choisi une image pour illustrer comment la direction spirituelle, la confession est venue jouer un rôle de guidance. J'ai donc pu entrer au Séminaire de Philosophie et y compléter les études qui me donneraient accès au Grand Séminaire de Montréal.

Étais-je dans ma mission de vie? Je voulais croire que j'avais une vocation religieuse. **Le mythe de la vocation religieuse**

Qu'en est-il de la vocation? de la vocation religieuse?

Dans *Le mythe et ses doubles : politique, religion et métaphysique* chez Mircea Eliade par Daniel Dubuisson (p.243-260) on lit :

Dubuisson dit : « Pour Eliade, comme pour ses prédécesseurs, les faits religieux » posséderaient une nature distincte et incomparable. Conformément à ce principe, l'intelligibilité ultime de ces faits échapperait aux explications que privilégient habituellement les sciences humaines, qu'elles soient psychologiques, sociologiques, historiques ou autres. Ces sciences, c'est-à-dire leurs méthodes et leurs résultats, sont dès lors subordonnées aux *a priori* et aux conclusions d'une herméneutique spécifique à laquelle Eliade confie curieusement le soin de métamorphoser l'homme et de régénérer l'humanité !

Réaffirmation de la nature foncièrement religieuse de l'homme *(homo religiosus)*. Il faut rappeler que cette idée d'une sorte de vocation religieuse innée en l'homme est empruntée à la théologie chrétienne et qu'elle trouve ses origines chez les Pères de l'Église tels Clément d'Alexandrie ou Eusèbe de Césarée.

D'innombrables penseurs aussi différents que Calvin, Schleiermacher, Kant, Lafiteau, Renan, Jung ou Durkheim l'ont ensuite reprise avant Eliade et en ont fait un principe fondamental qui est devenu avec le temps un lieu commun de la culture européenne chrétienne et donc de sa vision de l'homme.

Et c'est cette conviction diffuse qu'a reprise Eliade : « La religiosité constitue une structure ultime de la conscience »(SP,p.12) Existence d'une instance transcendante inconditionnée, le Sacré. Qui selon Éliade, se manifeste elle-même en ce monde par le biais de ses hiérophantes cosmiques, (la lune, le soleil, l'arbre, la pierre, etc.) À ce titre, le Sacré éliadien présente un caractère foncièrement païen et naturaliste : Lui correspond en effet, le monde lui-même, c'est-à-dire la nature animée par un souffle puissant, celui de la vie.

Comme si la transcendance) le Sacré. L'Être, les dieux, les puissances surnaturelles…qu'invoque Éliade était en un certain sens immanentes, consubstantielles aux forces vitales qui parco…) qu'invoque Éliade furent la nature »

Le mythe de la souffrance

Dans *Souffrance, confession des péchés, expiation, exorcisme* ,Ralph Stehly, Professeur d'histoire des religions, Université Marc Bloch, Strasbourg écrit :.

« Dans l'aire méditerranéo-mésopotamienne on a mis très tôt les souffrances de l'homme en rapport avec celles d'un dieu. C'était leur donner un archétype, les faire accéder à la normalité. Le mythe le plus célèbre de cette catégorie est le mythe de la souffrance, de la mort et de la résurrection de Tammouz. Ce dernier devra demeurer aux enfers une moitié de l'année (comme Perséphone) pour compenser pour son épouse Ishtar ayant voulu abolir la mort. Ce drame est un symbole voulant que la mort ne soit jamais définitive mais qu'il y a résurrection

Les rites ou (mythes sociaux ritualisés) destinés à éliminer le mal

Le premier rite est la confession des péchés en cas de transgression d'un tabou moral surtout sexuel Le mal qui a frappé l'homme est considéré très souvent comme le résultat d'une punition divine pour une faute morale. Ce mal restera en l'homme tant que la faute n'aura pas été confessée, exprimée verbalement devant le sorcier ou le prêtre.

Le deuxième est l'expiation (en cas d'infraction *cultuelle* ou de transgression *collective*) L'expiation a pour but de restaurer la relation entre dieux et l'hommes, telle que celle-ci existait avant que ne fût commise de la part de l'homme une faute consciente ou inconsciente. Le troisième est l'exorcisme .

C'est l'expulsion des démons en cas de possession démoniaque. C'est une technique de suppression de la souffrance, car dans beaucoup de sociétés anciennes ou archaïques, on considère que les malheurs, les maladies peuvent être l'expression d'une possession démoniaque. (*Matthieu* 8.28) »

À vingt ans, au sortir du séminaire je suivi le conseil de mon directeur spirituel qui me trouvait trop rêveur pour envisager la prêtrise et qui me voyant plutôt artiste me suggérait de choisir une formation dans une profession artistique qui me permettrait de gagner ma vie. Je me suis inscrit en décoration intérieure à l'École des Arts Appliqués ce qui m'a emmené à vivre ma première relation amoureuse avec un garçon de mon âge. Après avoir fait quelques contrats en décoration intérieure avec cet ami rencontré dans cette école, je voyais important de me trouver un emploi stable, ces contrats sporadiques ne constituant pas un emploi stable.

Je me suis rendu voir mon ancien patron du camp du camp des enfants infirmes. Il me parla d'un emploi comme directeur artistiques dans un Boy's Club des Services catholiques aux Jeunes. J'ai obtenu l'emploi dans cette ressource communautaire pour les jeunes garçons de 4 à 18 ans, comme animateur et directeur artistique. J'ai réalisé que la vie ne m'avait pas suffisamment préparé à cet emploi car je le trouvais trop exigeant émotionnellement.

Je répondis à une annonce pour un apprenti graphiste. J'y suis demeuré trois mois et j'ai eu une offre comme correcteur d'épreuves dans une autre imprimerie. Pour me détendre je me suis inscrit dans des cours de yoga. J'ai découvert les bienfaits de cette discipline. Le directeur du centre de yoga, que j'avais rencontré au camp d'été ayant constaté mon progrès m'a offert d'enseigner pour lui. J'ai enseigné le yoga pendant cinq ans, j'avais également l'occasion d'utiliser mes connaissances en graphisme pour des tâches administratives comme l'élaboration de manuels de cours de yoga.

À trente ans, je me sentais déçu de mon expérience de couple homosexuel et je pensais que j'aimerais me marier et avoir des enfants. Je trouvai une femme qupartageait mon désir et nous nous sommes mariés. Je croyais que je pouvais mettre mes désirs homosexuels derrière moi.

Le centre de yoga étant en difficulté financière j'avais rencontré mon ancien employeur ou j'avais travaillé comme graphiste et j'avais eu un poste comme contremaître d'im- primerie. J'enseignais le yoga à temps partiel. Après trois ans, nous achetions une maison à Longueuil et j'ai commencé des cours de peinture aux Ateliers du Vieux Longueuil et de dessin avec Andrée de Groote.

Après sept ans, ayant perdu mon travail comme contremaître d'imprimerie et responsable de la présentation de produit, je devenais vendeur de meubles chez Sears à 35 ans. Que me réservait l'avenir? Mon père décédait et me laissait un peu d'argent d'une police d'assurance. Ce pactole m'encourageait à entreprendre des études.

Chapitre 6

Le paradis reconquis -La mission de vie (36-65 ans)

Cette période contient plusieurs cycles de sept ans (35-42ans), (42-49ans),(49-56ans), (56-63-ans),(63-70ans)

C'est le paradis reconquis par la mission de vie qui redonne un sens à la vie et la sort de sa torpeur. Il est intéressant de suivre le fil conducteur qui a conduit à la mission de vie en faisant un retour sur son parcours depuis la naissance. L'âge de cette étape peut varier selon la précocité ou temps plus grand demandé pour y parvenir. Selon l'âge où se réalise cette étape les caractéristiques qui lui correspondent diffèrent.

Note biographique

Dans mon cas, j'ai vécu un tournant à 39 ans qui m'a emmené à envisager un retour aux études. Ce n'est pas que je n'avais rien fait auparavant mais ce retour aux études pendant 6 ans a débouché sur une carrière inattendue: devenir art-thérapeute et la co-fonder un organisme communautaire en santé mentale où j'ai passé trente-cinq années à ce jour.

À quarante-trois, ayant terminé ma formation en enseignement de l'art, je commençais ma maitrise en art-thérapie. Je quittais mon épouse après quatorze années, il fallait que j'affronte mon identité. Après avoir travaillé dans trois Projets d'Été Canada visant l'amélioration de la qualité de vie des aînés pour les Services sociaux aux familles juives cela en est venu à m'inspirer d'ouvrir une ressource similaire ou je pourrais utiliser l'art comme moyen d'intervention auprès des aînés en résidence. Les services sociaux me suggéraient plutôt d'ouvrir une famille d'accueil pour des jeunes hommes déficients intellectuels ou il y avait un besoin à combler. Je m'investis dans ce projet pendant trois années. En 1984, je m'impliquais dans la fondation d'une ressource communautaire en santé mentale. En mai 1985, nous ouvrions le centre dans lequel je suis toujours en 2019. En effet je m'y implique encore deux jours par semaine.

J'ai vécu de 1990 à 2004 une nouvelle vie en couple. Je travaillais dans l'organisme dont j'étais un fondateur. Je peignais. En 1991, onze ans aprés le décès de ma mère e je me suis intéressé à la généalogie, J'ai obtenu deux arbres généalogiques et j'étais intéressé à approfondir mes racines paternelle, maternelle été utérine en faisant de la recherche. J'ai fréquenté l'organisme des Recommençants dans la foi et j'ai voyagé en France et suivant le conseil d'un ami, je séjournais dans des monastères, notamment pour retracer l'origine de mes ancêtres en Normandie. Je continuais à développer un sens de mes racines. À partir de 2004, j'ai fréquenté des groupes de 12 étapes afin de combler un besoin de cadre qui m'avaient manqué durant ma vie. En 2009 je commençais une formation en Accompagnement spirituel au Centre Le Pélerin. Dans le cadre de cette formation, j'écrivais mon histoire de vie convaincu qu'il ne fallait pas que j'oublie mon parcours. Plus tard, j'ai commencé à faire des recherches sur le mythe personnel, le reparentage et le processus de revision de vie.

Denis Hertz parle de la période du **paradis reconquis** pour écarter les paradis illusoires

D'adulte à adulte mature et la période de 35 à 65 ans.

Pour Erickson, le stade 7 qui va entre 35 et 65 ans correspond au stade de Generativité ou de stagnation

Le souci de génération est le questionnement du stade sept. La valeur sociale de la production et du travail y est associée, avoir ou vouloir des enfants n'est pas le seul profil de cette générativité. Durant cet âge adulte médian, la principale tâche du développement est <u>d'apporter sa contribution à la société et d'aider la génération future.</u>

Lorsque les personnes apportent de telles contributions, en agrandissant leur famille, en travaillant à l'amélioration de la vie de la société, il développe leur sens générationnel, un sens de productivité et d'accomplissement. À l'opposé, une personne trop autocentrée, qui ne voudrait ou ne pourrait aider la société développe un sentiment de stagnation et d'insatisfaction.

Pour Kohlberg son Stade 6 correspond au Principes éthique universel

Le jugement moral se fonde sur des valeurs morales à portée universelle et est adopté personnellement par le sujet à la suite d'une réflexion éthique (égalité des droits, courage, honnêteté, respect du consentement, non-violence, etc).

Ces valeurs morales que se donne le sujet priment sur le respect des lois. Ainsi, la personne est prête à défendre un jugement moral minoritaire. Elle est capable de juger bonne, une action illicite ou au contraire de juger mauvaise une action licite.

Seul 13% de la population adulte atteindrait le stade 6. Pour Kohlberg C'est le début des grands idéaux. 13% des personnes atteignent ce niveau de morale Il faut demeurer réaliste quand au stade que nous atteignons durant notre vie. Étant donné que la vie est très imparfaite, nous atteignons une maturité également imparfaite, mais nous sommes capables de dépassements surprenants.

Quelle image avez-vous de 35-65 ans? Quelle image avez-vous en lien avec le paradis retrouvé?

Photo des fondateurs du CAP

Irmgard Maier Yvon lamy et Marie Emmanuelle Jamet

Chapitre7

La fondation du CAP

La fondation du CAP

Note biographique

Transmettre son expérience

Le comédien québécois Luc Picard,disait « Toute histoire mérite d'être racontée parce que c'est la nôtre. »

Je suis fier d'avoir fait partie de la fondation du CAP. Les ressources comme le CAP qui ouvrait ses portes en 1985 offrent divers services à la communauté en général ou à des clientèles cibles. Chaque ressource a son histoire qui peut être fascinante lorsque nous la découvrons car elle permet d'apprécier comment elles sont nées.

L'origine de ces organismes est le plus souvent modeste et leur survie a été assurée aux prix de luttes et de sacrifices. Par exemple, les fondateurs n'ont jamais investis dans une assurance-retraite et en quittant l'organisme à la retraite ils n'avaient que les revenus des deux paliers de gouvernement. Ils ont multiplié les services mais n'ont pas prévu une pension de retraite. Cela est vrai de plusieurs organismes mais aussi d'un grand nombre de personnes sur le marché du travail. En effet, seulement 38% des citoyens bénéficient d'assurance de leur employeur. Personnellement, je continue à travailler à soixante-dix-huit ans, deux jours par semaine ce qui me donne un revenu qui remplace une pension de retraite. Je ne m'en plains pas car cela me permet de poursuivre la mission qui me maintient en équilibre.

Si toute entreprise doit surmonter des difficultés et affronter des périodes de découragement, elle a aussi ses victoire et a franchi ses étapes de développement vers la maturité. Étant donné l'engagement social de ces ressources, on peut se demander ce qui a motivé les fondateurs à s'embarquer dans de tels projets. On dit en général que la mission personnelle émane de l'histoire de vie des personnes. Comment un membre de la communauté se trouve-t-il sensibilisé à des besoins dans son milieu et sent-il le désir d'y répondre selon ses propres dons?

Lors d'un colloque sur l'engagement social, à la salle paroissiale de l'église St-Étienne, je voyais réunis deux avocats, une personne ayant une expertise dans le logement social et une agente de pastorale travaillant au MIDEM (un apprentissage à l'engagement social chez les jeunes). Les avocats auraient pu gagner beaucoup d'argent dans un bureau prestigieux mais un d'eux se retrouvait à défendre les droits de personnes démunies incapables de se défendre; l'autre était engagé en pastorale sociale et rendait visite aux itinérants et cherchait à leur apporter un support dans leur vie plutôt misérable. L'experte en logement social qui avait appris comment négocier avec des propriétaires permettait à des chefs de familles monoparentales à se loger dans des lieux plus salubres à des coûts plus abordables. Qu'est-ce qui les avait préparés à servir leur communauté?
L'avocat avait eu l'exemple de son père médecin de campagne qui avait de la compassion pour ses concitoyens et demandait des honoraires selon leurs moyens. L'experte en logement était issue d'une grande famille où il fallait s'entraider. Il est vrai que les enfants d'une même famille n'ont pas

nécessairement la même perception ni la même réaction face à leur éducation. Il y a donc d'autres facteurs qui jouent, une sensibilité personnelle qui s'exprime par un appel.

Qu'est-ce qui a préparé les fondatrices et le fondateur du CAP à leur engagement social? Deux fondatrices d'origine européenne qui habitaient le même quartier, l'une allemande, l'autre française et moi-même né à Montréal, Québec. Les deux femmes avaient développé avec les années, entre autres, une expertise comme artisan dans le domaine textile, l'une en technique de peinture sur tissu (batik et autres techniques de peinture) et l'autre comme tisserande. De mon côté comme troisième membre de l'équipe, je venais de terminer une formation en enseignement de l'art et en art-thérapie.
Je ne pourrais parler de ma participation à la fondation du Cap sans parler d'Irmgard Maier qui a eu l'impulsion première de la création du Cap. Son parcours doit inclure son immigration car elle quittait l'Allemagne en 1961 (dix ans après Marie Revaï) pour venir s'établir au Canada, d'abord dans l'Ouest puis au Québec un peu plus tard. Kim (Irmgard) m'avait expliqué que durant les années 70', la contreculture poussaient les gens vers les métiers d'art exprimant un retour aux valeurs de la terre et des traditions, elle développa des habiletés comme tisserande. Elle vécut des productions qu'elle réalisait en les vendant dans sa boutique « *Sans prétention*» de la rue Duluth de 1975 à 1977 puis elle eut son atelier de tissage en Espagne de 1977 à 1979. Entre 1979 et 1985 elle était propriétaire d'un atelier de vêtements tissés et de tissage artistique Tisbec dont elle assurait la production. Elle fut membre de la boutique-galerie L'Empreinte pendant huit années et après toutes ces années elle devenait membre de l'association des tisserands du Québec et obtenait la reconnaissance de ses pairs de l'association où elle présenta ses œuvres et était invitée plusieurs fois à faire partie d'une équipe de recherche pour l'avancement du tissage.
La rencontre de Mildred Ryerson, anciennement ergothérapeute, fut déterminante et Irmgard se joignait bientôt à son équipe et apprit à appliquer les principes de la

réadaptation par le travail sur métier. Elle demeura dans cet atelier de 1980 à 1982 prenant conscience du peu de ressources existantes pour répondre aux besoins et de certaines disparités dans sa conception du processus artistique par rapport à celle de madame Ryerson. Elle commença étant une créatrice elle-même, à entretenir l'idée de créer son propre atelier qui correspondrait davantage à sa vision de la formation et de l'apprentissage. C'était une étape très importante que cette expérience qui a agi comme la semence d'un projet possible, l'embryon d'une entité à naître. Cela démontrait dans quel sol fertile elle avait été déposée rejoignant quelque chose qui attendait son heure dans l'âme d'Irmgard Maier. À partir de 1981 commencèrent donc, les démarches pour la réalisation et l'implantation du centre qui n'avait pas encore de nom. L'histoire des événements qui ont précédé la fondation est assez compliquée car il y a eu beaucoup de personnes qui en ont fait partie et s'en sont retirée mais en bout de ligne, notre trio de collègues ont réussi à fonder cette ressource en 1985 qui fait partie de la communauté aux confins du Mile End et du Plateau Mont-Royal. De nombreux collaborateurs viendront par la suite se greffer à l'équipe fondatrice commençant avec des stagiaires.

Cette entité sociale ressemblait à ses fondateurs, par son aspect créatif et émotif mais il devait aussi avoir leur côté rationnel qui devait à la fois ne pas perdre de vue l'objectif de voir changer les choses et en même temps soutenir la créativité qui peut s'impatienter devant la lenteur qui est due aux difficultés financières rencontrées. Parfois la pulsion créatrice est affectée par les lenteurs administratives, le manque de ressources financières, l'indifférence face à ses réalisations et les fondateurs de l'organisme doivent tempérer leurs propres déceptions et savoir conserver la confiance, le lâcher prise afin de ne pas bloquer le précieux courant vital qui l'a alimenté depuis le début. Après trois décennies de fonctionnement le CAP a connu toutes ces expériences de croissance.

Cette partie du livre raconte ma perception de l'histoire de l'organisme, sa mission, ses réalisations, ses espoirs pour l'avenir après trente années d'existence.

Mes collègues fondatrices ont pris leur retraite et leur perception pourrait être différente mais les hauts faits ont été respectés.
Lorsque je me suis joint à l'équipe à l'été 1984, je répondais à une invitation de la part de Denise Tanguay, une collègue de cours à l'université Concordia, qui avait participé à la conception de la ressource. Irmgard Maier avait rencontré Michael Edwards vers 1983, qui fut mon professeur en 1984. Il dirigeait le programme en art-thérapie. Elle désirait obtenir une personne ressource pour que l'art-thérapie fasse partie du projet. Elle avait fait des démarches auprès de l'Université Concordia au sujet de l'art-thérapie dont on lui avait parlé comme d'une discipline importante à inclure dans son projet. Elle avait rencontré Michael Edwards,qui était mon professeur en 1983, directeur du nouveau programme en art-thérapie alors en implantation dans le département d'Education par l'art. Il lui avait présenté Nancy Humber comme collaboratrice et plus tard Denise Tanguay qui toutes deux participèrent aux rencontres initiales en vue de l'incorporation, Nous ne croyons pas que ce soit le fruit du hasard qui a fait se rencontrer toutes ces personnes.

Comme Denise Tanguay avait obtenu un poste qui l'empêchait de continuer à faire partie du conseil d'administration provisoire et de l'équipe , elle m'avait demandé si j'étais intéressé à la remplacer. C'est ainsi qu'à l'été 1984 j'avais rencontré mes futurs collègues et j'ai participé à la fondation du CAP
Irmgard Maier par ailleurs avait réuni d'autres personnes intéressées par son projet, autant des artisans que des apprentis. Elle fut mise en contact avec Roch Tremblay qui manifesta de l'intérêt et contribua son support et ses conseils. Spécialiste en criminologie, directeur des services professionnels de l'organisme de réadaptation Alternatives Inc.,Il fit partie du premier conseil d'administration provisoire l'incorporation et accepta d' être le premier président. Les autres personnes qui l'aidèrent comme Élisabeth Dupond, Marie Emmanuelle Jamet, Loretta Turpin, Nancy Humber, Denise Tanguay, de même que Brenda Marquez et Daniel Lévesque. Je fus donc le dernier arrivé dans l'équipe de trois.

Irmgard Maier et moi passerons vingt et une année à travailler ensemble. Ainsi va la vie! Certains viennent de loin, quittent leur pays poussé par des forces irrésistibles pour fuir des situations difficiles pour découvrir une vie qu'ils ne soupçonnaient pas au moment de leur départ, dont un rôle qui les attendait au sein d'une société encore inconnue.

Depuis le milieu des années cinquante, le Québec était en pleine révolution, des influences européennes provoquaient un vent d'idées nouvelles sur la manière de travailler avec les patients psychiatriques, notamment la thérapie par le travail en Angleterre. Certaines personnes ouvertes et désireuses de les voir s'actualiser étaient les instruments de ce changement. Irmgard Maier était une de ces personnes. Il est beau d'avoir des idées et des dons ou douances, encore fallait-il avoir le pouvoir de les faire valoir en ayant les moyens. Pour ceux et celles qui n'ont pas les moyens, il faut s'allier des bailleurs de fonds. Heureusement lorsqu'il s'agit d'un projet à but non lucratif, il est possible de solliciter un ministère gouvernemental concerné et/ou une source philanthropique privée. Dans les deux cas, il fallait «faire sa cour» et démontrer le bien fondé du projet à ceux qui détenaient le pouvoir décisionnel d'allouer un financement. L'obtention de l'appui de plusieurs personnes reconnues était un moyen d'étoffer la demande d'aide, Là aussi, il fallait faire une démarche de relations publiques afin de se présenter dans le réseau approprié et convaincre que les promoteurs du projet étaient dignes d'être reconnus comme pair et soutenus face aux instances gouvernementales.

La fondation

Je reprends un peu les étapes de la fondation. C'est en octobre 1981 que les premières démarches ,d'Irmgard Maier, d'Élisabeth Dupond et de Marie Emmanuelle Jamet avaient commencé pour l'élaboration du projet CAP . Un document de présentation du projet qui pourrait le définir et en faire une présentation plus détaillée afin d'en faire la promotion dans le réseau de la santé mentale fut rédigé par une équipe réunissant des artisans, Daniel Lévesque, Brenda Marquez, Irmgard Maier et deux conseillères spécialistes en art-thérapie, Nancy Humber et plus tard Denise Tanguay.

La mission du projet rédigée reçut un bel accueil de la part de professionnels des institutions en santé mentale de même que dans des organismes communautaires. Cela se manifesta par certains dons de matériel, des conseils et de l'encouragement de même que des lettres d'appui qui venaient appuyer le dossier.

Suite à de nombreux refus de support financier, les fondateurs ont commencé par travailler d'abord bénévolement dans des locaux prêtés par la Fondation McConnell par l'entremise du président Roch Tremblay au 1516 ouest avenue des Pins à l'automne de 1984. Le local de l'avenue des Pins n'ayant pas d'électricité fournie par le propriétaire, donc privé de chauffage, les activités durent être interrompues temporairement. J'ai commencé à travailler avec l'équipe à l'automne 1984 dans ces conditions plutôt difficiles et nous avions dû plier bagage temporairement. Le travail de recherche de financement reprit au début de l'année 1985. J'étais cependant heureux de faire partie de l'équipe.

L'adoption

À partir de l'automne 1984 l'organisme CAP était devenue membre de la Table régionale des Ressources alternatives en santé mentale de Montréal TRRASCM En 1985 CAP était reconnu comme répondant bien au profil de ressource alternative par le RRAMSQ (Regroupement des ressources alternatives en santé mentale du Québec) et siégeait au conseil d'administration de cette table de concertation provinciale. Michel Auclair, président du RRAMSQ nous fit savoir que nous avions des chances d'avoir un financement de fin d'année en envoyant notre projet. Il eut raison. .

Une subvention nous fut octroyée au mois de février à travers les marges de manoeuvre du Conseil régional de la Santé et des Services sociaux CRSSS par Nicole Fontaine et le centre pouvait maintenant se doter d'un lieu permanent et ouvrir ses portes. Je me souviens de ma visite du local accompagnant Marie Emmanuelle Jamet alors que nous essayions d'imaginer notre projet dans cet espace au deuxième étage. Il fallait l'atelier de tissage, de création textile et d'art-thérapie en plus d'une partie administrative. L'équipe convenait de s'installer dans cet espace près du Mile End dans la sous-région ou secteur Centre-Est, Le local de 1500 pieds carrés au 4861 Saint Laurent fut loué et aménagé et la date d'ouverture aux usagers fut fixée pour le début de mai.
L'organisme avait bénéficié de dons de communautés religieuses pour du matériel d'art , dont des métiers à tisser et de la laine. Cela nous permettait de d'installer le département du tissage. Irmgard Maier et Marie Emmanuelle Jamet avaient toutes les deux travaillé à l'Atelier d'Artisanat Centre-ville. Elles étaient familières avec l'approche. Personnellement, mes besoins étaient moins spécialisés sur le plan artisanal et nécessitaient du matériel d'artiste de base : fusain, pastels, peinture à l'eau, acrylique, pinceaux et papier et bien sûr, des tables met murs d'affichage.

L'implantation

En 1985 notre équipe pouvait se consacrer à ce qu'elle avait souhaité, être disponible aux personnes en besoin et créer un lieu d'accueil et d'appartenance où elles pourraient améliorer leur qualité de vie. L'accès aux services débutait le 5 mai 1985, après une période de quatre années de démarches constantes dans le territoire dans le but d'obtenir des appuis, de l'aide en matériel et un financement. Les personnes suivant les activités en tissage qui avaient suivi Irmgard Maier et ses collègues depuis l'atelier Centre Ville et le premier local du CAP sur l'avenue des Pins pouvaient donc être accueillies dans le nouveau siège social. Le local avait 20 pieds de large par 75 pieds de long.

De mai à décembre 85, la diffusion des services dans le réseau de la santé mentale et par le biais d'entrevues à radio Centre-Ville firent se présenter près de soixante-dix personnes qui commencèrent à fréquenter les ateliers, Les locaux étaient situés au deuxième étage d'un petit immeuble de deux étages au 4861 boulevard Saint-Laurent qui avait servi d'espace d'usine pour Morton Katz le propriétaire. L'édifice est considéré patrimonial et son histoire est affichée sur le mur extérieur Il a été une écurie de maréchal-ferrant posant les fers aux chevaux dans le passé. Cela pourrait être un atelier de mécanicien pour les voitures aujourd'hui. En 1985, on réparait les personnes.

L'intervention des débuts

L'approche d'intervention de l'équipe était à la fois inspiré par le modèle de thérapie par le travail et par l'art-thérapie. La relations entre les intervenants et la clientèle fut très intense. Les participants trouvaient en nous des personnes prêtes à les écouter et le besoin de bénéficier de cette écoute se manifesta de façon intense. Un espace dans le logement était aménagé pour accueillir les participant(e)s et les écouter s'ils le désiraient et les membres de l'équipe alternaient pour assurer une disponibilité à chaque matin. Il y avait d'abord la séance d'exercices de yoga, de respirations avant de diriger tous et chacun vers l'atelier de son choix. Devant l'abondance des crises nécessitant de l'écoute intensive, nous avons bientôt cru qu'il fallait revoir ce service et le remplacer par une invitation aux participant(e)s de s'investir dans les activités créatrices ou à retourner à la maison se reposer et revenir le lendemain si cela n'était pas possible. Les comportements changèrent et les crises diminuèrent de façon radicale. Nous avions pris conscience suite à ce changement qu'il ne fallait pas trop ouvrir la porte au besoin d'écoute. D'autant plus que cela diminuait les activités, un des membres de l'équipe devant s'y consacrer. L'espace aménagé pour ce service fut alloué pour d'autres besoins.

Les activités socioculturelles hebdomadaires incluaient: un diner communautaire, une réunion des participants, une sortie plein-air ou une visite culturelle différente à chaque semaine afin d'élargir l'expérience que pouvaient vivre nos participant(e)s en s'ouvrant à la communauté, et des camps d'hiver et d'été. Nous avons maintenus ces activités jusqu'en 1995.

Le 13 juin 1985 avait lieu l'ouverture officielle. L'équipe invitait les participants, les parents et amis, les représentants des Centres psychiatriques, des hôpitaux, les représentants des Centres locaux de services communautaires (CLSC) et d'organismes alternatifs communautaires en santé mentale et des artistes.

Les camps

À l'été 1985, le premier camp d'été eut lieu à Racine en Estrie. C'était une initiative d'une durée d'une semaine qui demandait une participation de tous et toutes dans la préparation des repas et l'organisation. Il était possible de constater combien ce séjour était bénéfique pour les participants vivant le plus souvent isolés et se retrouvant pendant une semaine dans une ambiance de fraternité qui leur faisait du bien. Le plein air ne faisait qu'ajouter au mieux-être. La tradition s'installa, d'organiser deux camps profitant de l'été mais aussi de l'hiver qui offrait un tout autre volet d'activités et une ambiance chaleureuse tout juste après la période des Fêtes, au début du mois de janvier. Le coût était le plus abordable possible afin de rendre l'activité accessible, une subvention provinciale hors norme aidait au financement.

Les expositions

En décembre 1985, six mois après l'ouverture, nous tenions la première exposition-maison intitulée : **La naissance de l'art.** Beaucoup de représentants, de divers organismes du réseau étaient présents et certains firent parvenir des lettres d'appréciation. En plus de travailler à la structuration, nous devions nous faire connaître et faisions beaucoup de démarches de promotion, de visibilité par les expositions-maison, mais aussi dans des lieux publics et les participations à des colloques. La secrétaire était constamment en contact avec le réseau pour obtenir des référents dirigeant les patients vers l'organisme.

Les services

Maintenant que la ressource était ouverte, il y avait cette explosion d'énergie qui était probablement contagieuse pour les participants et qui remplissait l'équipe d'enthousiasme pour implanter les ateliers d'art-thérapie et d'activités d'art thérapeutique et les activités sociales comme les sorties, les camps d'hiver et d'été, les diners. Il y avait une espace d'exploration créatrice dans diverses approches artistiques, culturelles, corporelles et thérapeutiques. Étant créatifs nous croyions avoir fait bon usage de cet espace L'équipe fournissait des statistiques dans le but de démontrer l'atteinte des objectifs dont la réduction du taux de réhospitalisations, à la Régie régionale, notre bailleur de fond.
Comme notre financement n'est devenu récurrent qu'après huit années de fonctionnement, nous vivions constamment dans l'anxiété par rapport au renouvellement de la subvention annuelle. Les statistique nécessitaient des rencontres en équipe hebdomadaires pour le suivi de chaque participant, faisant état des progrès, des difficultés quand au comportement, Certaines données étaient fournies par les référents servant à guider notre intervention pouvant mieux les aider.

Afin de combler certains besoins qui dépassaient nos compétences, l'équipe avait bénéficié et en était heureuse, de certains partenariats dont celui avec le (CREP), le Centre de ressources éducatives et pédagogiques de la Commission scolaire de Montréal de même que certains bénévoles et stagiaires en formation dans les institutions d'éducation comme l'université Concordia, l'UQAM du Vieux Montréal.

Agrandissement

En 1987, l'organisme avait de plus en plus de références et nous en étions venu à considérer le besoin de déménager afin d'avoir plus d'espace. Au même moment, nous apprenions que le local contigu au nôtre, dans la même bâtisse, qui avait été occupé par le Cirque du Soleil, se libérait. Il était donc possible d'ajouter un autre 1500 pieds carrés de surface. L'expérience antérieure avait démontré le besoin d'une approche individuelle pour certaines personnes et le nouvel espace permettait d'aménager un petit local pour des rencontres avec l'art-thérapeute,

Les stagiaires des milieux universitaires

Ayant une formation en enseignement de l'art, j'offrais des ateliers de groupes en dessin, peinture, modelage. Je fis aussi appel au département d'Education par l'art de l'université Concordia pour bénéficier de stagiaires qui apporteraient leur contribution au programme, ce qui me permettait de me consacrer davantage à l'art-thérapie. Ce partenariat s'avérait fructueux et nous avons pu ouvrir divers ateliers comme l'aquarelle, la gravure, le modelage.

Plus tard nous avons aussi commencé à recevoir des stagiaires en quête de lieux de stages pour leur formation en **art-thérapie et en drama-thérapie** dont Gisèle Doyon et Pierre Charles Milette. D'autres universités nous approchaient pour diriger des stagiaires en communication (UQAM) , en sciences sociales (McGill). Les CEGEPS envoyèrent des stagiaires en intervention sociale, en marketing, en science- infirmières.

Première soirée bénéfice

J'ai rencontré Maurice Brault (décédé en novembre 2018), afin de l'intéresser à la présidence du conseil d'administration du CAP. Nous étions désireux d'accroître la visibilité de l'organisme et Jasmin Farand de Icones Communications, fut désigné par le nouveau président du conseil d'administration du CAP, Maurice Brault ex-joaillier de renom, qui s'était joint à nous à mon invitation. Monsieur Brault était un des pionniers de l'art-thérapie à Montréal. Après une formation en Italie et au Danemark il avait fait carrière en joaillerie. Certaines de ses œuvres sont au MBA (Musée des beaux Arts de Montréal.) Il s'est joint à l'atelier de François Michel du Centre de Réadaptation Constance Lethbridge pendant plusieurs années. Il a fondé un atelier d'art-thérapie pour la Société du Cancer du Québec. Il a été décoré de l'ordre du Québec. Pendant sa présidence, il avait été donné comme mandat à Jasmin Farand de créer un nouveau logo pour le Cap. Nous avions bénéficié d'une première subvention de la fondation Jacques Francoeur. Monsieur Brault qui était un homme fort en réseautage avait organisé une soirée bénéfice avec la collaboration de Marcel Brisebois, directeur du Musée d'art contemporain comme président d'honneur. Madame Micheline Legendre, une personnalité du milieu artistique, marionnettiste renommée, accepta de venir partager sa carrière artistique professionnelle dans cet art particulier. Elle prononça une conférence avec diaporama où elle expliquait comment elle avait créé et manipulé ses marionnettes pour le plaisir du public pendant plusieurs années. Plusieurs commanditaires contribuèrent à cet événement ou une cinquantaine de personnes étaient présentes.

Oasis dans le désert (premier vidéo tourné sur le Cap) pendant l'exposition intitulée Artimon)

En 1987, nous apprenions que le logement contigu au nôtre qui avait été occupé par Le Cirque du Soleil se libérait. Nous avions obtenu un don de tuiles à plancher qui nous avait permis des rénovations dans ce nouveau local mais aussi pour l'ancien. Le 8 décembre 1987, nous accueillions le public à notre exposition **Artimon**, tenue dans le nouvel espace grâce à l'agrandissement. Le thème que nous avions choisi pour cette première exposition était à cause de la métaphore de l'artimon, la voile qu'on garde levée lors de tempêtes et de temps difficiles en mer, qui nous apparaissait tout à fait pertinente. C'était une façon de pendre la crémaillère et de célébrer ce gain d'espace. Un documentaire vidéo tourné pendant le vernissage par l'équipe de la Bande Magnétique avec Valérie Carreau permettait de documenter les témoignages de participants aux activités.

Reconnaissance de l'art-thérapie et du CAP

L'art-thérapie était un nouveau domaine au Québec et les ressources alternatives en santé mentale comme le Cap ont contribué à son implantation dans la communauté. La première université offrant un programme de maîtrise dans le domaine a été l'université Concordia. Dans un article paru dans le journal du programme des études de deuxième cycle, le directeur du programme de formation en art-thérapie, monsieur Peter Byrne s'exprimait sur la réalité du Cap pour la profession en 1989 et sur mon implication en tant qu'un des premiers gradués (1986) du programme qui avait débuté en 1983.

Accueil dans le réseau culturel de Montréal MDC Petite Patrie Rosemont

Une rencontre organisée par Dan Behrman, agent de promotion d'artistes musiciens qui était un ami d'Irmgard Behrman et qui connaissait Monique

Garneau, directrice de la maison de la culture Rosemont-La petite Patrie, l'avait entretenue au cours de l'année précédente , de son désir de collaborer à sensibiliser la population et faire connaître notre ressource en proposant la possibilité d'une exposition en avril 1990.

Cet événement comportait plusieurs objectifs, le premier étant d'enfin pouvoir tenir une exposition en dehors de la ressource, dans un lieu identifié dans le réseau de la culture pouvant rejoindre un public plus vaste et plus varié, le deuxième était de mettre l'accent sur l'aspect thérapeutique de la vie au Cap tout en demeurant éducatif sur le plan artistique. Grâce au financement du CRSSS par le Surplus 89, nous avions pu encadrer trente pièces et un deuxième vidéo réalisé par Lorraine Riopel du groupe La Bande Magnétique avait été tourné montrant le Cap en activité.

L'exposition Cap sur le mieux-être MDC Petite Patrie-Rosemont

L'exposition Cap sur le mieux-être à la Maison de la Culture Rosemont-Petite Patrie avait donc eu lieu du 6 au 29 avril 1990 sous la présidence d'honneur de monsieur Marcel Brisebois, directeur du Musée d'Art contemporain, invité par Maurice Brault. Maurice, président du conseil d'administration accueillait le public . M.Jean-Yves Rheault représentait le Conseil régional de la Santé et des Services sociaux (CRSSS), notre principal bailleur de fonds. Nous présentions en équipe un diaporama sur l'organisme et sa mission. Je présentais un deuxième diaporama réalisé en art-thérapie présentant la démarche selon cette approche auprès de cinq participants. Quelques participants faisaient ensuite, un témoignage.

Collaboration à l'animation culturelle dans la ville et Musée d'Art contemporain

Marcel Brisebois, responsable de l'animation lors de la Journée des Musées pour la Ville de Montréal en mai 1990, avec la collaboration de Jasmin Farand, nous invitait à faire une animation culturelle dans le carré Dorchester, au quai de départ des autobus pour les visites de musées. L'événement était subventionné par les Caisses populaires Desjardins sous le thème :L'incroyable force de la solidarité, Nous nous rendions donc avec une vingtaine de participants pour peindre en direct un triptyque qui fut ensuite exposé au musée Ramsay.

S'ouvrir à la communauté : Tenir des événements pour le public

Nous avions toujours cette volonté d'avoir des moyens de communiquer avec le public car cela était important dans le processus de développement de l'organisme. D'une part en tant qu'organisme, nous siégions sur le conseil d'administration du Racor en santé mentale , notre regroupement interlocuteur (Regroupement alternatif et communautaire des organismes régionaux en santé mentale) auprès des instances gouvernementales. Par ailleurs, nous organisions des événements pour rejoindre le public. En mai 1991 j'animais une activité en art-thérapie pour le grand public à la Maison de la culture Petite Patrie. Des participants de nos programmes d'activités partageaient leur vécu au Cap avec le public suite au visionnement d'un diaporama. Les deux ateliers que j'organisai pour permettre l'exploration de l'art-thérapie furent très apprécié par le public. À maintes reprises, nous avions diffusé les services offerts par l'organisme à Radio Centre-ville de même qu'à une entrevue de réflexion à Radio McGill.

Au sein de l'équipe j'avais la tâche des relations publiques, ce qui m'a emmené à siéger sur le comité aviseur de Montréal Centre puis de Montréal Ouest. Cette fonction permettait de mieux saisir la réalité du Cap dans l'ensemble des services du réseau. Cette fonction m'a permis de siéger dans des rencontres au CRSSS. (Conseil régional de la santé et des services sociaux). J'ai aussi siégé au conseil d'administration d'autres organismes comme le Centre de crise Soledav. Dans l'esprit de *s'ouvrir à la communauté* j'avais répondu à des invitations comme celle d'Astrid Lagounaris directrice du module d'arts plastique de l'UQAM afin de rencontrer des étudiants et de présenter les vidéo du Cap :**Oasis dans le désert** et **Cap sur le Mieux-être** et renseigner les étudiants désireux de travailler au moyen de l'art auprès de clientèles spéciales sur la réalité du milieu communautaire et sur notre approche.

Le RRASMQ (Regroupement des ressources alternatives en Santé mentale du Québec) publiait en 1993, lors de son dixième anniversaire, **Quelques fenêtres percent le mur**, un document dans lequel divers organismes avaient une place qui permettait d'apprécier leur mission et leur approche. Le Cap y était très bien représenté.

Au printemps 1993, Jules Arbec, directeur de La *Galerie A part égale* qui siégeait sur le conseil d'administration du Cap, m'invitait à présenter un article dans la revue *Le réadaptologue* qui s'adresse aux professionnels qui s'occupent de personnes handicapées. L'art-*thérapie ou le rôle traditionnel de l'art* parlait du cheminement vers la profession d'art-thérapeute et l'utilisation de cette approche qui utilise l'art en thérapie.

Pendant toutes mes années au CAP, j'accueillais des stagiaires provenant de l'université Concordia, notamment du programme en Education par l'art et du programme en art-thérapie. C'est ainsi que plusieurs futurs art-thérapeutes sont passés par le CAP. France Lobreau-Chardon fut notre première stagiaire venue de France où elle travaillait au *Centre Entre-nous* à Annemasse. Elle était désireuse de venir au Québec pour connaître les lieux d'art-thérapie qui s'intéressaient aux techniques psycho-corporelles et holistiques. Elle anima les ateliers ;**A corps et à terre** durant l'été 1992.

Une autre stagiaire fut Jeanne Gevaert, sculpteur et aquarelliste professionnelle venue d'Atlanta. Elle était désireuse de se familiariser avec l'approche de l'art-thérapie et avait contacté la pionnière Marie Revai pour des entretiens privés à cet effet. Madame Revaï la dirigea vers moi au Cap pour un stage pratique en contact avec notre clientèle car elle lui avait dit que c'était en travaillant avec des personnes, en communiquant son art, qu'elle apprendrait comment l'art les aide. Elle anima donc des ateliers pendant trois semaines en aquarelle et en modelage de l'argile. Le stage se termina par une participation de ses élèves à l'exposition **Explosons!** Jouant sur le mot **exposons** qui avait lieu à la *galerie Entre-Cadre* dans le cadre du 10ième anniversaire de l'incorporation du Cap. La grande sensibilité de Madame Gevaert fut très appréciée des participants au point où ils se dépassaient à son contact.

Marie Revai qui avait été ma première superviseure suivait les activités du CAP étant présente à toutes nos expositions.

10ième anniversaire du Cap

À l'automne 1993 nous avons voulu signaler l'événement de l'incorporation de 1983 avec l'exposition **10 ans ça s'expose**! Une exposition rétrospective avec vernissage des œuvres des sept années de fonctionnement fut tenue à la Maison de la Culture Petite Patrie. La soirée avait été l'occasion de rendre hommage à deux dames ayant contribué. Au milieu de la santé mentale par le biais de l'art : Mildred Ryerson fondatrice de l'Atelier d'artisanat Centre-Ville et Marie Revaî, pionnière de la thérapie par l'art au Québec dont je travaillais à une biographie. Nous avions également organisé une Fête-retrouvaille des anciens du Cap depuis le début.

Ouverture d'une galerie au Cap, ouverte au public

Je voulais un espace d'exposition solo ou en duo dans le centre, J'avais donc proposé l'idée de créer cet espace que je baptisai **Banc d'essai.** Cela se voulait une réponse à un besoin de permettre à nos participants de vivre l'expérience complète de l'activité créatrice : créer une œuvre, la préparer pour la présenter au public, donc voir à son encadrement, à la présentation écrite, développer un carton d'invitation, contextualiser la création comme démarche puis la présenter au public et recevoir les commentaires d'appréciation ou les conseils des visiteurs, amis, parents, référents et public en général répondant à l'invitation se retrouvant dans les média locaux. Un programme gouvernemental a permis d'avoir une personne en charge des encadrements. Plusieurs participants ont bénéficié de cet espace qui était dans notre local alors que nous étions au deuxième étage.

Un besoin de réorganisation

Avec l'arrivée de stagiaires, l'augmentation du nombre de participants pouvait augmenter car nous pouvions offrir plus d'ateliers. L'équipe vivait un malaise. C'était celui d'être passé de services personnalisés avec moins de personnes à une affluence de participants et de stagiaires qui ne permettaient plus de connaître toutes les personnes qui venaient suivre des ateliers. D'une part les stagiaires expérimentaient leur savoir sans tenir compte de la philosophie des fondateurs, il était difficile de maintenir une approche commune. Il était temps de prendre un temps de réflexion pour faire le point sur nos objectifs, notre approche, la cohérence de nos services.

Au printemps 1994, nous en sommes venus à penser que nous devrions peut-être avoir moins d'activités mais plutôt développer un programme plus intensif dans lequel les participants passeraient plus de temps à perfectionner certaines connaissances ou pratiques. Le programme régulier serait donc temporairement réduit aux apprentissages d'expérience de travail avec les personnes qui seraient sur des programmes EXTRA ou des bénévoles. Seuls les ateliers de formation en métiers d'art demeureraient ouverts. Certains participants furent invités à nos échanges d'idées sur l'avenir du Cap. Certaines activités seraient imposées et d'autres facultatives. J'ai instauré l'activité Groupe de discussion afin de faire de l'éducation psychologique avec des thèmes de discussion. La théorie des besoins de Maslow, l'adaptation aux changements, vivre avec des problèmes de santé mentale étaient des sujets de discussion. Les participants souhaitaient que ces .changes aient un aspect éducatif. Nous avons donc abordé la communication, le développement et le maintien de la mémoire, la stimulation des facultés mentales et la gestion des émotions,

Au lieu de venir à quelques activités par semaine, les participants venaient quatre jours par semaine et étaient inscrits à un des ateliers de métier d'art :tissage ou textile et avaient des activités comme l'art-thérapie. Ils avaient aussi les rencontres avec le CREP. Nous avions développé une collaboration avec le Centre de ressources éducatives et pédagogique de la Commission scolaire qui apportait une reconnaissance officielle des heures d'apprentissages des participants.

Colloque inter-ressources au CAP : Travail, créativité et santé mentale

J'avais participé à plusieurs colloques et je proposai l'idée de tenir un colloque inter-ressources à l'automne 1995 particulièrement avec les organismes affinitaires au nôtre. Jules Arbec, critique d'art fut embauché comme collaborateur et coordonnateur. La conférence d'ouverture fut confiée au docteur Pierre Grégoire, psychologue et art-thérapeute à l'Institut Allan Memorial et professeur au programme de maîtrise en art-thérapie à l'université Concordia. Nous avons profité de l'événement pour rendre hommage à Marie Revai en lui

dédiant une salle du Cap. Jules Arbec qui connaissait bien la chanteuse Pauline Julien, l'avait invité à venir interpréter quelques chansons pour égayer la soirée. Ce fut la dernière sortie de Marie Revaï qui décédait au printemps le 5 mai 1997 suivant, date anniversaire de l'ouverture du Cap.
J'avais commencé depuis 1987 à rencontrer Marie Revaï pour rédiger sa biographie qui n'a pas pu être publiée de son vivant. Ayant hérité de sa correspondance et de ses notes personnelles et de ses œuvres j'ai pu réécrire l'ouvrage en incluant ces documents qui enrichirent le contenu.

Durant le colloque d'une semaine, on pouvait apprécier des métiers d'art en direct grâce à la participation de l'Atelier d'Artisanat Centre-ville, le Centre Wellington de l'hôpital Douglas. Yvan Bujold, l'animateur de l'émission *Folie Douce* à Radio Centre-ville, vint sur place pour interviewer des participants peignant en direct comme Raymond (décédé depuis) , Marc Picard.

Comme le thème du colloque portait sur le travail, il y eut des échanges sur le travail avec des organismes spécialisés comme Accès-Cible, l'Atelier Centre-ville qui avait son programme Transart. Le Cap n'avait pas de programme de travail à cette époque.

Agrandissement du CAP

Nos locaux étaient situées au deuxième étage de l'édifice où nous avions nos locaux, mais nous avions les yeux sur le rez-de-chaussée avec ses vitrines sur la rue. Irmgard Maier et moi avons donc rencontré Morton Katz notre propriétaire pour négocier l'expansion , Nous en sommes venus à une entente satisfaisante et nous pouvions élargir notre espace de services. Nous pouvions accorder aux divers ateliers plus d'espaces mais aussi inclure une sall à manger où pendant un certain temps des repas étaient servis grâce à projet pilote de repas du midi organisé par Irmgard Maier qui était mis sur pied pour en évaluer la rentabilité.

Nous pensions plus tard offrir des repas congelés, mais cela s'avéra compliqué et ce projet fut abandonné.

Départ d'une des fondatrices : Marie Emmanuelle Jamet

Peu après l'expansion de l'organisme Marie Emmanuelle laissait le Cap après quinze années d'implication. Elle se consacrerait à sa carrière de peintre. Elle avait eu la responsabilité des finances depuis le début , un dossier plutôt lourd incluant les demandes de subvention spéciales pour des activités, les lettres de sollicitations de dons en plus de la gestion régulière. Elle avait assumé l'atelier de création textiles avec divers collaborateurs dont Ginette Porlier qui est toujours en poste en 2018 après une période d'absence.

Le tissage

Irmgard Maier (Kim) étant tisserande, elle a animé les ateliers de tissage dès le début. Elle a eu divers collaborateurs dont Serge Desjardins. Adrien Landry et Carole Harvey qui est toujours en poste en 2018 et qui continue la tradition des ateliers de tissage que nous estimons une excellente approche avec nos participants en besoin d'un cadre structuré et structurant, ce que le tissage offre.

Un programme en employabilité au Cap

Le CAP avait un taux de retour au travail qui était appréciable. Comme je siégeais à la Table de concertation de secteur Centre-Ouest depuis plusieurs années, cette affiliation permettait l'implantation de nouveaux services. En effet notre taux de réussite en réinsertion sociale et professionnelle m'a incité à prendre en charge le dossier de reconnaissance du CAP comme organisme en employabilité. Je revendiquais avec l'appui du Cap cette reconnaissance afin d'obtenir un budget permettant l'instauration d'un programme de formation vers l'emploi assurant du support pour les personnes envisageant le retour au travail,

Nous avions besoin du support du Racor en Santé mentale et Marie-Andrée Dionne, la directrice qui avait été une alliée dans le dossier. Le CRSSS a finalement accepté notre demande d'un budget, Il n'y avait que cinq ressources avec ce statut. Nous avons été la sixième. Aujourd'hui ce programme fonctionne toujours avec deux sessions de six mois par année et un fort pourcentage de réussite. Avec le financement, le Cap a embauché des conseillères en emploi qui ont assuré la formation pendant plusieurs années. Nous en sommes venus à nous prévaloir des services du CREP qui nous envoya des éducateurs spécialisés en formation de retour au travail.

Printemps 2007 Lancement de ma biographie de Marie Revaï pionnière de l'art-thérapie au Québec

Marie Revaï avait été ma première superviseure. Elle avait suivi l'aventure de fondation et de l'évolution du Cap jusqu'à l'automne 1996, année où nous l'avions honorée et lui avions dédié un local d'art. Cette soirée en son honneur fut sa dernière sortie mondaine puisqu'elle décédait le 5 mai 1997. L'intégration des documents fournis par sa sœur Élisabeth Revaï m'avait permis de réécrire la biographie. J'avais pu publié les exemplaires à compte d'auteur avec une aide du CAP. Nous avions fait le lancement à la Maison de la culture Petite Patrie avec une animation en art-thérapie, par la dans lesquels Marie Revaï expliquait son approche. Un autre lancement avait lieu au CAP avec une exposition de la collection des œuvres des patients de Marie Revaï, prêtée par L'institut Allan Memorial que j'avais pu obtenir.

Le CAP établit des liens avec le Musée des Beaux Arts de Montréal.

Les relations du Cap avec le programme Musée en Partage du MBA ont commencé en 2005 alors que j'avais réalisé une exposition pour le Racor en Santé mentale qui cherchait à augmenter la visibilité des organismes membres et des services qu'ils offraient à la population. 56 organismes rencontrés avaient répondu à mon invitation de participer à la réalisation d'œuvres devant être exposées au musée dont une murale carte de la ville et des emplacements des organismes. Cette mobilisation m'avait montré la possibilité de voir le musée comme un lieu de diffusion. La réunion spéciale de relance de deux groupes le Centre-Ouest et le Sud Ouest. Je remercie toujours toutes les personnes (56) qui se sont déplacées pour cette grande réalisation à laquelle auront participé 41 organismes sur 102 soit 40% ce qui est extraordinaire dans un projet collectif. Merci encore merci de votre belle participation. L'exposition avait lieu en mai 2005.

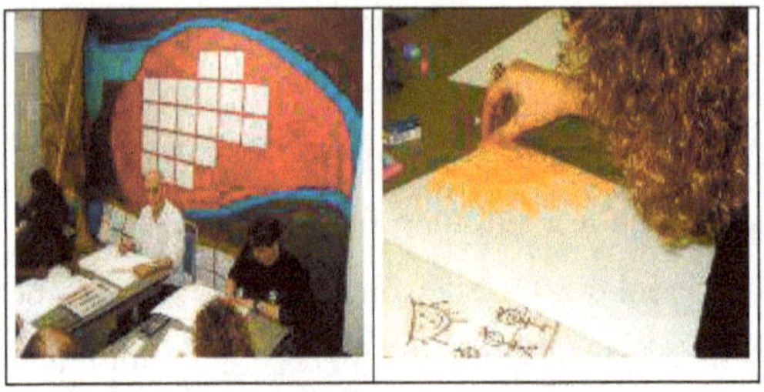

Participants au travail

Article dans la Gazette : Out of darkness :light par Steven Howell

Carte murale des organismes de la région de Montréal et région de l'Ouest

Projet visibilité des ressources en santé mentale exposé au Musée des Beaux-Arts de Montréal en 2006

Notre destin collectif, notre rêve commun

Nous avons vu quelques images du projet de Visibilité mis d'avant par Marie André Dionne du Racor en santé mentale. Les relations du Cap avec le programme Musée en Partage du MBA ont commencé en 2005 alors que j'ai réalisé cette exposition pour le Racor en Santé mentale qui avait pour but d'augmenter la visibilité des organismes membres et des services qu'ils offraient à la population. 56 organismes avaient répondu à mon invitation de participer à la réalisation d'œuvres devant être exposées au musée dont une murale carte de la ville et des emplacements des organismes. Cette mobilisation m'avait montré la possibilité de voir le musée comme un lieu de diffusion.

La grande aventure des rencontres créatives s'est terminée le mercredi 17 mars par la dernière réunion spéciale de relance de deux groupes le Centre-Ouest et le Sud Ouest. Nous remercions toutes les personnes (56) qui se sont déplacées pour cette grande réalisation à laquelle auront participé 41 organismes sur 102 soit 40% ce qui est extraordinaire dans un projet collectif. Merci encore merci de votre belle participation.

«L'art-thérapie est une approche qui met l'importance sur l'effet de l'expression en soi-même plutôt que sur le produit qui en résulte. Il s'agit d'une expérience intérieure à partir d'une exploration utilisant des couleurs, des lignes, des formes, des motifs, spontanément, peu importe l'expérience ou le talent que l'on puisse avoir. Après l'exécution des dessins, on partage à la fois les images obtenues et les sentiments et pensées qui les ont accompagnées. Il est important de dire qu'il n'y a pas de pré-requis ou d'apprentissage en art dans la démarche d'art-thérapie. Chacun utilise les ressources qu'il possède et exprime ce qu'il ressent ou ce qu'il cherche à libérer comme émotions. Nous avons vu la diversité des niveaux d'expression dans les oeuvres des personnes qui se sont impliquées dans la démarche collective.

102 organismes en santé mentale se présentent

pour que tu ne te sentes pas seul...

Projet VISIBILITÉ

Projet du RACOR en Santé mentale ,
Yvon Lamy, Conception et réalisation

Jules Arbec ,Conseiller Critique d'art

Myriam Landry assistance-stagiaire en travail social au CAP

41 organismes soit, 56 personnes ont participé à la réalisation

AVANT-PROPOS

Le RACOR parrainait une nouvelle aventure! Agent de relations publiques pour mon organisme CAP qui est connu pour ses activités artistiques, j'ai été invité par Marie Andrée Dionne à l'été 2003 afin de siéger avec Doratha Auger de l'Association Bénévole Amitié /Friendship, Francine Cousineau de l'Atelier d'Artisanat Centre-Ville et Bill Watson de Pracom, sur un comité ayant pour but de poursuivre les discussions au sujet du projet de visibilité qui était sur la table depuis l'assemblée annuelle. Ce projet avait pour mission de faire connaître les 102 organismes en santé mentale membre du RACOR, répartis dans les six sous-régions de l'île de Montréal . Au départ, l'implication du CAP était de développer le projet LOGO comme outil de visibilité utilisant les moyens de l'art, cependant suite aux discussions et rencontres un deuxième projet fut proposé.

Historique

Une stratégie de visibilité avait été proposée par Daniel Latulippe de la ressource en suivi communautaire Le Cyprès de la sous-région Est de Montréal lors de l'assemblée annuelle de l'an 2000. Cette stratégie invitait la participation des organismes des six sous-régions : Est, Centre-Est, Centre Ouest, Nord (Rocan), Sud-Ouest et Banlieue Ouest. Il s'agissait à l'origine de réaliser une œuvre artistique à partir des logos des divers organismes des six sous-régions qui pourraient être exposé dans un lieu de culture comme le Musée des Beaux-arts de Montréal, vu comme un lieu permettant une grande médiatisation lors d'un vernissage. Le mandat de la réalisation de l'œuvre avait été accepté par Bill Watson de la ressource Pracom de la sous-région Centre-Est. Madame Dorotha Auger se chargeait de faire les démarches auprès des responsables du Musée des Beaux-Arts pour les intéresser à ce projet d'exposition .

Madame Auger n'ayant pas reçu un accueil très favorable au projet, un comité fut formé afin d'étudier les possibilités de rencontrer les critères du Musée soit une exposition ayant un caractère éducatif, une plus grande portée sociale. Ce comité s'est rencontré une fois avant les vacances d'été. Une deuxième réunion était organisée à l'automne mais j'étais le seul à être présent sur le lieu de la réunion au bureau de l'association Bénévole Amitié/Friendship, accueilli par Dorotha Auger.

À sa demande, en dépit des absences motivées des autres membres du comité, j'ai accepté de contribuer une idée sur un projet de visibilité et j'ai proposé à Madame Auger un projet d'exposition pouvant impliquer tous les organismes de toutes les sous-région de façon plus participative. Il s'agissait d'inviter des représentants de chaque sous-région à tour de rôle à une activité d'expression visant la réalisation d'une œuvre à caractère social qui mettrait en lumière le rôle et la vision sociale des organismes communautaires en santé mentale dans l'Île de Montréal. Des œuvres individuelles de tous les participants convergeraient vers six murales collectives représentatives de chaque sous-région.

Madame Auger a donc rédigé un compte-rendu de la réunion qu'elle a présenté au conseil d'administration du RACOR . Le projet ayant été adopté, elle fit parvenir aux responsables des Tables communautaires de chaque sous-région, ce compte-rendu en vue de rencontres avec les représentants des organismes.. Les ayant contactés au téléphone, Dorotha et moi avons obtenu des dates de réunions des visites des sous-régions pour aller parler du projet et tenter de proposer un calendrier pour les rencontres créatives qui auraient lieu au CAP.

Début des visites dans les sous-régions

Sous-région EST

Le 6 novembre, j'ai rencontré les membres de la table communautaire de la sous-région Est réunis à l'organisme La Croix Blanche, une des ressources les plus anciennes . Sur 15 membres, 12 étaient présents à cette réunion. Ils ont bien accueilli le projet et se sont engagés à désigner des représentants qui viendraient au CAP le 20 janvier 2004 **pour créer leur œuvre collective comme sous-région.**

Les ressources présentes :Nancy Archambault - **L'Art-Rivé**,Madeleine Tussat - **L'Entraide Le Pivot** ,N.Veilleux - **Atelier Quatre saisons**,Diane Durocher - **Répit 1 heure pour moi**Pierrette Guérard - **Tel-Écoute,**Louise Fraser - **Alternative Centre de Jour,**Anne Louise Guay, - **Parrainage Civique de L'Est**, Micheline Dion - **Société Québécoise de la ,Schizophrénie**Solange Lemieux - **L'Étincelle de l'Amitié**, Anne Deguire - **La Croix Blanche**

Ressources non - présentes mais participants au projet : Johanne Richard - **Le MURIER (Volet travail)**

Hélène Paradis - **Répit-Ressource de l'Est,**Nathalie Tessier - **Entraide St-Michel,**Denise Beaudry - **Centre Ecoute Le Foyer**

Sous-région CENTRE OUEST

La rencontre de la Table du Centre-Ouest avait lieu le 12 novembre. Sur 10 organismes, 8 étaient présents. Pour ces membres, il était clair que le projet devait avant tout être une fenêtre sur les capacités des personnes qui fréquentent nos organismes. La visibilité devait avoir pour cible le grand public afin qu'il puisse mieux connaître et comprendre la clientèle et les divers organismes qui offrent des services. Ils ont choisi **le 3 FÉVRIER 2004** comme date de rencontre.

Ella Amir - **Ami-Québec,Hugue Laforce -** Centre de Crise Tracom Inc.,**Grace Fontes -** Face a Face ,**Christopher MacFadden** Maison Les Etapes,**Mélanie Klein** Services Familiaux Juifs (Baron de Hirsch),**Dorotha Auger** Centre Bénévole Amitié (Friendship)

Sous-région NORD (ROCAN)

Le 13 novembre 2003, je rencontrais les membres de la **table communautaire de la sous-région Nord(ROCAN).**

Organismes présents :L'Association de parents pour la santé mentale de Saint-Laurent-Bordeaux-Cartierville (APSM)-Nycole Landry (directrice), **CAMÉE** – Lisette Giguère-Gervais et ,-Nicolas Ouellet**La Clé des champs** – Jacqueline Labbé,**Maison MGR** – Denis Dionne (directeur général),**La Parentrie** – Christiane Germain (directrice générale),**Prise II**- Pierrette Richard (directrice).**Relax Action** - Marc Therrien (directeur),**L'Éclaircie** -Mario Lortie (directeur)

La date choisie pour l'atelier était le **17 février.** Le 18 novembre avait lieu la **réunion du Sud-Ouest**

Journée de la rencontre : 21 janvicr de 1- 4 hres

Organismes présents :

Action-santé de Pointe St-Charles – Micheline Roy,**Association des parents et amis du bien-être mental du Sud-Ouest de Montréal (APABEM-so)** – Gisèle Foret,**CADRE** – Roy Bhimpaul (directeur)

,d'hébergement l'Entre-toit – **,Centre l'Autre-Maison** – Isabelle Ferland,**Groupe d'entraide ,Impact** – Lucie Côté,**Maison Lucien l'Allier** – Charles Robitaille,**Projet PAL** – Josée Pirro,**Armée du Salut** – Valérie St-Pierre,**Habitation Oasis** – Céline Desjardins,**Partage** – Carole Proteau le 24 novembre : **Table communautaire Centre-Est**.

Journée de rencontre : 4 février de 1 à 4 hres.

Organismes présents :

Suivi-communautaire Le Fil - André Mercier,**Projet-Part** – Nathalie Letendre,**Maison St-Jacques** – Pierre Forest

PRACOM – William Watson (directeur général),**Maison Multiethnique Myosotis** – Radu Barkà et Mme Dudek,**Maison Le Parcours** – Danielle Berthiaume (directrice),**Déprimés Anonymes** – Annick Leclerc,**Centre d'écoute et de référence Halte-Ami** – Violaine Gagnon,**Centre d'Apprentissage Parallèle de Mtl** – Yvon Lamy,**Auberge Madeleine** – Micheline Cyr

Le 2 décembre : rencontre de la **table communautaire de L'Ouest**

Journée choisie pour la rencontre : 2 mars de 10 à 14 hres

Organismes présents :

Parrainage civique de la banlieue Ouest – Mary-Clare Tanguay (directrice),**Perspective communautaire en santé mentale** – Nelly Stipdonc (directrice),**Les amis de la santé mentale banlieue Ouest** – Lucie Discepola (directrice),**Apprentissage à la vie autonome** -
L'Équipe Entreprise – Francine Rousseau (directrice),**Service d'intervention psycho-sociale (centre de crise)** – Francois Ste-Marie (directeur)

Démarche auprès du Musée des Beaux-Art de Montréal

Parallèlement, madame Auger faisait les démarches auprès du Musée des Beaux-Arts pour relancer le projet d'exposition. Cependant, comme l'ont suggéré certains membres, il y a plusieurs lieux pouvant possiblement accueillir une telle exposition. En effet, une exposition itinérante dans les diverses Maisons de la Culture de l'Île de Montréal serait tout indiquée pour ce genre de projet à caractère régional qui met en valeur les ressources de chaque sous-région de même que l'ensemble des sous-régions.

Également, il était prévu de faire un film vidéo des rencontres afin de documenter le processus de réalisation des oeuvres individuelles et collectives mais aussi toute la dynamique de réflexion qui en ferait partie. Mon rôle est de stimuler les participants afin d'obtenir la couleur et les traits caractéristiques de chaque sous-région et sa forme. Je veux créer la forme de la sous-région et l'emplacement des organismes afin d'obtenir l'effet d'une carte illustrée d'un territoire avec les symboles que les participants choisiront. C'est pour moi une aventure passionnante et 2004 s'annonce une année de rassemblement des organismes de l'Île de Montréal et cela est réjouissant à l'heure où l'on parle de fragmentation. Nos buts affinitaires nous unissent et nous formons une grande communauté à partir de petites communautés qui ont trouvé ensemble un lieu d'échange et de soutien propice à leur travail respectif.

Analyse en collaboration avec Jules Arbec

Buts

- Sensibiliser le public aux besoins des personnes vivant des problèmes de santé mentale.

- Familiariser avec le réseau alternatif et communautaire des organismes oeuvrant auprès de ces personnes, celui-ci étant peu connu du public autant quant à ses services qu'à ses moyens d'action.

- Favoriser des contacts entre les bénéficiaires et entre les intervenants et les bénéficiaires de ces ressources à l'intérieur d'un même territoire ou sur le territoire de l'île en général.

- Favoriser un travail en commun en impliquant les participants à titre de bénéficiaires ou d'intervenants dans un projet collectif.

Le nombre des participants a été établi selon le nombre d'organismes de chaque sous-régions. Il est possible que certains organismes se présentent avec un intervenant et un participant.

Le concept des murales est basé d'abord sur l'aspect « forme » géographique d'un territoire donné. Les dessins, peintures ou collages (18 x 24) qui seront élaborés serviront de départ pour la réalisation de la murale qui sera réalisée en fusionnant les diverses créations ou en les alignant sur la surface en laissant ressortir la forme du territoire et les endroits où sont les organismes sur le territoire.

La thématique, qui doit servir de moyen de rallier les diverses créations, reste à déterminer.

Cependant, elle est au service de la sensibilisation du public au réseau alternatif et à son action sociale.

Une communauté qui s'implique dans la santé mentale

Les dates de rencontres des 6 sous-régions sont maintenant déterminées.
Le processus d'animation est à confirmer.

Étape de la préparation de la murale en vue de l'exposition et lieu : à déterminer

Recherche préparatoire

À partir du moment où fut proposé le projet de murales en septembre 2003, je me suis investi dans la recherche afin de trouver la meilleure formule pour concrétiser ce projet en réalisant diverses maquettes. À la fin du mois de décembre, j'ai rencontré Jules Arbec, critique d'art en présence de Michèle Côté, artiste professionnelle et formatrice en art au CAP que j'ai invité à la rencontre afin d'obtenir une critique de mes maquettes pour arriver à arrêter le projet sur un des concepts présentés. Suite aux conseils reçus, qui favoriseraient la création d'une murale de 30' de longueur par 10' de hauteur dans laquelle apparaitrait la carte de l'Ile Montréal, j'ai continué à faire des calculs pendant la période des fêtes pour préparer la transposition d'une maquette dans le format réel. J'avais comme plan de représenter la carte du territoire dans lequel les sous-régions seraient délimitées et à l'intérieur desquelles on trouverait des images couleurs numérisées faites à partir de photos des peintures et dessins créés en atelier par les différents groupes. Le grand format nécessitait des renforcements avec des sangles de contour dans lesquelles seraient posées des œillères à tous les 12 pouces, permettant la suspension de la murale de diverses manières coûtait $453.20 finalement la facture était de $400.00 Pour la peinture j'ai obtenu d'un marchand de la compagnie Glidden un rabais de 60% avec promesse de mentionner le nom Peinture Glidden à Laval. J'avais besoin d'une approbation de la direction du RACOR ayant approuvé le projet initial, j'avais besoin d'un budget de $500.00. J'ai donc contacté Madame Marie-Andrée Dionne à cet effet. J'ai également obtenu une liste actuelle des groupes membres du RACOR afin de faire le suivi pour les rencontres organisées à partir du 20 janvier 2004.

Démarche proposée

Certains détails devaient être précisés, comme le choix des couleurs et les modalités entourant la création des images par les participant(e)s. Les sous-régions seraient représentées par une palette de couleurs incluant, le bleu cobalt, le turquoise, l'orange, le rouge magenta et le rouge clair. Les rives nord et sud seraient respectivement terre d'ombre et gris. Afin que les diverses couleurs de la murale se retrouvent dans les images créées par les participant(e)s , il fut convenu que l'image de chaque sous-région serait exécutée en deux parties égales, la partie de gauche exprimant un aspect négatif, sombre de la perception de la réalité utilisant le terre d'ombre et le gris alors que la partie de droite serait exécutée par la personne voisine de droite utilisant les couleurs énumérées plus tôt (orange, turquoise, bleu, rouge magenta et rouge clair) et agirait comme une réponse plus positive à la première image.

Les plages colorées représentant les territoires des sous-régions étaient préparées â l'avance, les participant(e)s collaborant è l'étape finale, l'exécution des images et une fois celles-ci photographiées et imprimées, procéder au marouflage sur la toile.

Nous espérions que cette murale exécutée pour le Racor en Santé mentale permettrait de faire connaître la contribution des organismes en santé mentale de la grande métropole et inciterait nos dirigeants et d'autres personnes sensibilisées à soutenir ce réseau alternatif et communautaire que le Racor en Santé mentale de Mtl regroupe et soutient par ses représentations. Nous espérions aussi que les personnes pourraient mieux apprécier les problèmes de santé mentale et réduire les tabous qui les entourent. Un document recueillant les commentaires des participants devait être rédigé.

L’art avait ici une mission sociétale au service de la visibilité des organismes en santé mentale avec le thème De l’ombre à la lumière devient social, 50 ressources ont participé en envoyant des délégués pour les représenter. Les images étaient faites en dyades (deux personnes) une répondant à l’autre. Ici une personne s’est retrouvé seule. Jean-Jacques a lui-même répondu à son dessin et il décrit le dessin de gauche comme une explosion et celui de droite un oiseau qu’il identifie comme un symbole de paix et de lumière.

M. L. et M. S. : « Personnages dansant dans un paysage coloré et printanier comme réponse au personnage qui semble enlisé dans un paysage froid. »

Deux intervenants participent

B. K.: « J'ai voulu représenter un peu la tristesse, la difficulté mais il y a quand même une note d'espoir. Il y a une partie de l'image qui est une forme de lumière , une forme de pénombre. Puis, dans la pénombre, c'est l'agitation et puis les lignes sont un peu saccadées et ça tombe. Elles sont tombantes pour la tristesse. Et puis, la partie éclairé c'est la bouche, c'est la partie de nous-mêmes qui veut sortir de la difficulté. Puis, quand on trouve quelqu'un pour nous accueillir dans ce qu'on vit, on est capable peut-être de s'ouvrir à autre chose. C'est pour ça que j'ai mis l'oiseau qui est dans la noirceur qui est en bas, il devient…il se fond à cette lumière -là. »

R. B.: « Moi, quand j'ai fait la réponse, je n'ai pas pensé dans l'optique de l'intervention du moins pas consciemment. Ce que je voyais à gauche, c'était quelqu'un de triste qui n'a presque pas de limite, il se confond presque avec l'espace au alentour. Je me suis dit l'œil grand ouvert c'est un œil qui regarde vers l'oiseau et je trouvais ça difficile à définir alors, je l'ai laissé là. Ma réponse était premièrement de trouver la paix intérieure. J'ai fait quelqu'un qui peut fermer son œil et qui peut se sentir en confiance, qui ne sera pas menacé par les souvenirs et j'ai remarqué après tout que ça me ressemble et que je m'identifiais beaucoup à cette face à gauche. Quand je pense à mon organisme ça se compare à moi parce que je suis immigrant 2 fois, j'ai immigré dans 2 pays différents. Je me sens en paix avec ça parce que j'ai vécu des choses comme ça. »

M..P.

Bien moi quand j'ai vu le dessin à Chantal, j'ai vu vraiment l'obscurité, c'est dans le tunnel. Souvent, quand on a la problématique en santé mentale quand on se sent plus aller vers le tunnel, c'est vraiment la souffrance.

Mais d'un autre côté, j'ai voulu répondre par la clarté et la spiritualité.

Il faut s'accrocher à quelque chose quand on a cette maladie, si on l'a, il faut « dealer » avec mais je pense qu'avec la spiritualité, on peut arriver plus à voir la lumière, la clarté et puis s'engager. Et puis, mon blanc, j'y suis pas arrivé vraiment, j'ai voulu faire un œuf qui veut dire la naissance parce que probablement que dans une vie, on peut avoir cette obscurité là mais dans la vie intérieure, on peut finalement aller vers la lumière, une nouvelle vie éventuellement. »

C. G. : « Moi, c'était le point du milieu, c'était l'apparition de la maladie mentale. Puis, c'est tout le tourbillon, à un moment donné, le cercle vicieux donc de pas avoir l'impression de pouvoir s'en sortir. En même temps, oui il y a beaucoup de souffrance mais il y a la vie, ça bouge, moi je voulais représenter le mouvement. En regardant mon dessin de plus loin, j'ai réalisé que parfois il y a comme un genre de tourbillon comme dans l'évier qui s'en va alors c'est ça, on peut s'en sortir. Il y a la possibilité de s'enfoncer et de s'en sortir. C'est ouvert finalement, c'est pas fermé. J'ai fini par toute sorte de zig zag, ça peut aller dans tous les sens.

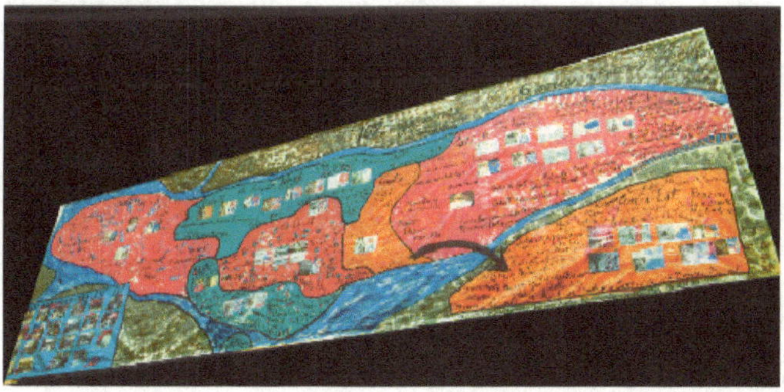

L'exposition proposée par le RACOR en santé mentale, *De l'ombre à la lumière,* au musée des Beaux-arts de Montréal était un geste de visibilité des organismes communautaires en santé mentale. Cette exposition reprise au

Complexe Guy-Descaries de Lachine à La Maison du Brasseur, en septembre 2007, soit deux années plus tard, était une relance du projet afin de rejoindre un autre secteur. Un atelier d'art-thérapie était proposé au public en lien avec

l'exposition. On pouvait lire dans le bulletin des activités culturelles pour

les journées de la culture de Robert Leduc :

«L'art-thérapie est une approche qui met l'importance sur l'effet de l'expression en soi-même plutôt que sur le produit qui en résulte. Il s'agit d'une expérience intérieure à partir d'une exploration utilisant des couleurs, des lignes, des formes, des motifs, spontanément, peu importe l'expérience ou le talent que l'on puisse avoir. Après l'exécution des dessins, on partage à la fois les images obtenues et les sentiments et pensées qui les ont accompagnées. Il est important de dire qu'il n'y a pas de pré-requis ou d'apprentissage en art dans la démarche d'art-thérapie. Chacun utilise les ressources qu'il possède et exprime ce qu'il ressent ou ce qu'il cherche à libérer comme émotions. Nous avons vu la diversité des niveaux d'expression dans les oeuvres des personnes qui se sont impliquées dans la démarche collective.

L'art social crée des outils de compréhension et de développement de la conscience humaine. Nous espérions que cette murale exécutée pour le Racor en Santé mentale permettrait de faire connaître la contribution des organismes en santé mentale de la grande métropole et inciterait nos dirigeants et d'autres personnes sensibilisées à soutenir ce réseau alternatif et communautaire que le Racor en Santé mentale de Mtl regroupe et soutient par ses représentations. Nous espérions aussi que les personnes pourraient mieux apprécier les problèmes de santé mentale et réduire les tabous qui les entourent.

En 2008, Irmgard Maier a décidé de respecter l'âge de la retraite et de terminer sa longue implication depuis 1981.de vingt-sept années. Nous avons fait une fête pour célébrer son implication pendant toutes années. J'obtins des lettres de félicitations des premiers ministres Jean Charest et Stephen Harper, de même que du député du Bloc, Gilles Duceppe comme souvenir. J'étudiais le chant classique depuis quelques années et Irmgard a apprécié que je lui chante un air de Mozart et de Straussdans sa langue maternelle et de lors de la fête de son départ Madame Maier avait préparé son départ en nommant Beatriz Torrez , notre comptable et son adjointe, comme son successeur. Je me retrouvais seul des fondateurs initiaux à continuer de travailler dans l'organisme.

Je ne souhaitais pas prendre la direction du CAP, car mes tâches de relations publiques mais surtout d'art-thérapeute et de superviseur de stagiaires en art-thérapie prenait tout mon temps. La direction demande beaucoup de disponibilité pour les tâches administratives d'organisation des activités et les levées de fonds. Madame Torres après une période d'essai est revenu à son rôle de comptable et d'adjointe à la direction Lorena Garrido a pris la direction pendant une année et a laissé le poste pour d'autres choix professionnels.

Xavier Bonpunt qui était déjà en poste enseignant l'art dans le département Projet a succédé à madame Garrido. Il est toujours à la direction en 2018, depuis six ans . Personnellement j'étais toujours en poste mais deux jours par semaine répartissant mon temps entre l'art-thérapie en groupe et individuelle. Je collaborais aux projets du Cap, je siègeais toujours sur le conseil d'administration comme membre fondateur et en tant que secrétaire de la corporation.

Je continuais à explorer diverses pistes en art-thérapie comme le rituel de guérison. Plusieurs thématiques sont intéressantes à explorer en art-thérapie et durant mes vingt-cinq ans de pratique je peux dire que j'en ai exploré plusieurs.

-**Image de soi et croyances**

-**Identifier et restructurer les pensées qui minent l'estime de soi et la confiance en soi.** Coanimation avec Luce Busque du CREP (Centre de ressources éducatives et pédagogiques

-Art-thérapie et le conte

-Rituel de guérison par l'art-thérapie

-**Croissance personnelle par l'art-thérapie explorant l'imaginaire**

-Apprend de son expérience Exploration de l'Intention et de la décision

-La communication

-L'approche constructiviste développementale et l'art-thérapie

-Exploration cognitive et art-thérapie: Stratégie :Comportements, attitudes et actions

-Exploration du thème de l'autonomie

-Art-thérapie et l'animal

-Le re-parentage symbolique par l'art-thérapie

J'ai apprécié l'arrivée de Xavier Bonpunt qui en plus de contribuer au CAP par son expérience en art s'est beaucoup investi dans un projet de levée de fond, le projet **Moi m'aime** qui a mobilisé plusieurs personnalités de la communauté autant culturelle, sportive, que les gens d'affaires. Bien que personnellement dans ma fonction de relations publiques, j'avais développé des initiatives pour lever des fonds comme le grand jeu de Monopoly et les encans, son approche a constitué un grand progrès. Les personnes de la communauté artistique entre autres ont été invitées à faire un auto-portrait à vendre pour l'auto-financement du Cap. Le projet avait d'abord commencé avec des auto-portraits réalisés par nos participants exposés à la Maison de la culture petite Patrie . Cela a donné l'idée à monsieur Bonpunt d'élargir le concept à la communauté. Les deux premières expositions bénéfices annuelles ont eu lieu à la galerie MX. La troisième est prévue à la galerie Michel Ange dans le Vieux Montréal. Je contribuais au projet autant que je le pouvais.

En 2013, Xavier Bonpunt poursuivait ses démarches auprès du musée pour utiliser le programme *Musée en partage* comme un lieu de création notamment pour faire connaître l'art-thérapie du Cap. J'ai participé à des rencontres avec le directeur du programme Jean Luc Murray et deux responsables des éducatrices, Louise Giroux, Marilyn Lajeunesse pour un premier projet. Un groupe de participants du Cap a donc pu travailler dans les locaux des services éducatifs au printemps 2013 et produire une murale qui devait refléter les collections du musées dont Joanne Labelle était la guide pendant la session de trois mois ainsi que l'aide pour le travail en atelier. La murale exécutée par neuf participants du CAP fut identifiée comme le travail des neuf muses. L'œuvre étant construite organiquement comme neuf corridors verticaux avait l'aspect de totems, on la baptisa donc Totem-muses. Une vidéo fut tournée par le musée sur l'élaboration de la muralc par Anne Benoit.

Un deuxième projet avait lieu au printemps suivant dans les locaux du Cap mais avec la collaboration de l'équipe du musée qui dirigea une aide pour les ateliers et guide pour les visites au musée pour continuer l'exploration des collections du MBA. Cette fois l'idée de totems devenait plus explicite et des sculptures furent réalisées dans mon atelier, avec le papier mâché. Xavier aimait l'idée de travailler avec un matériau papier et je préparai la pâte qui servit à la construction des sculptures d'un mètre de hauteur.(photo ci contre)

Je ne saurais remercier assez toutes les personnes qui ont contribué à faire du Cap la ressource qu'elle est devenue. Je remercie particulièrement les membres des conseils d'administrations à travers toutes ces années. Je remercie les fondations, les donateurs privés, et les bailleurs de fonds qui nous soutiennent financièrement. Je remercie Michel Auclair qui nous a donné le coup d'envoi avec ce téléphone en 1985 qui nous a ouvert la porte de notre actualisation. Je remercie toutes ces personnes qui ont participé au projet Moi M'aime et contribuent à notre visibilité et à notre auto-financement.

Il est important de voir d'où est parti le CAP mais il est intéressant de voir ce que l'organisme est devenu, ce qu'il a comme rayonnement maintenant et comment les activités proposées aux participants reflètent l'évolution de l'art sous diverses formes

Au début de 2016 , donc nous pouvions jeter un regard rétrospectif sur les six dernières années et ressortir les réalisations en commençant avec 2009-2010.

Entre 2008 et 2018 le CAP travaillait sur la conception du programme de prévention PREVENIR auquel je collaborais. Comme art-thérapeute certains projets étaient envisagés pour répondre à des besoins particuliers ou corporatifs. Le continuais à accueillir des stagiaires dont Maria Ricardi dans un projet sur le processus de Reparentage qui lui servait pour son mémoire de maîtrise. Sylvie Fusade animait un atelier de groupe. Toutes deux étaient contentes de leur expérience au Cap. En 2015 je supervisais Charlotte Brunstein en Intégration de l'aspect psychocorporel stagiaire de France, formée en art-thérapie à la Sorbonne, Je recevais une troisième stagiaire en Drama-thérapie Technique de théâtre avec Gisela Ana. Depuis le début nous avions reçu Pierre Charles Milette et Gisèle Doyon.

Aperçu de certaines activités du Cap depuis 2009-2010 dont les sculptures totems faisant suite au projet de murale que j'ai eu le plaisir d'animer avec Louise Giroux du musée

Dans mes ateliers, j'explorais divers thèmes dont la logothérapie de Viktor Frankle ,Trouver sa mission personnelle, Les quatre fonctions de Jung et le conte en art-thérapie et le thème des animaux en art-thérapie. Je continuais à rencontrer des participants qui en manifestaient le besoin en individuel depuis le début. 2013-2014

Dans notre ouverture sur la communauté nous avons eu une soirée performance chez Laoun Opticien Nathalie Catudal présentait son costume intitulé Au-delà du fragment avec performance corporelle de Régine je participais en lisant un texte que j'avais écrit inspiré par le costume de madame Catudal. Avec le support de Xavier Bonpunt, je tenais une première exposition-bénéfice des mes œuvres en 2011,

En 2017, une collaboration nouvelle commençait avec le groupe Transition notre programme préparatoire à l'emploi, en plus des ateliers réguliers avec le programme Expression, Le programme Projet, Le programme Textile dans les périodes où les participants du programme Transition était en stages ou en recherche d'emploi. Je continuais à donner des formations lors des réunions d'équipes sur divers sujets qui pouvaient aider les chefs d'ateliers à mieux gérer leur cadre de travail avec les participants.

Chapitre 8

Ma vie mon destin et mon mythe personnel

La vie vue en tant que destin.

Le philosophe Schopenhauer dit :

« À partir d'un certain âge, si nous faisons un retour sur notre passé, nous percevons l'ordonnance d'un plan semblable à celui composé par un romancier. Des événements qui nous ont paru de peu d'importance au moment où ils se sont produits s'avèrent indispensables à la composition d'une intrigue cohérente.

De même que nos rêves sont agencés par un aspect de nous-mêmes dont nous sommes inconscients, de même notre vie entière est composée par une volonté intérieure. De même des personnes rencontrées apparemment par hasard (il n'y a pas de hasard) ont joué un rôle déterminant dans notre vie, de même que nous avons à notre insu, joué un rôle significatif dans la vie des autres. »

La conclusion de Schopenhauer est : « Tout se passe comme si nos vies étaient des éléments d'un seul grand rêve fait par un seul rêveur et dans lequel tous les personnages rêvent eux aussi. »

On dit parfois que nous sommes responsables de notre vie mais celle-ci est aussi un mystère, car nous sommes loin de tous naître dans les mêmes conditions. Il me semble cependant, avec le recul, que nous sommes responsables de ne pas faire opposition au courant, à la finalité qui est la nôtre, à notre destin, de voir les signes d'un changement à vivre.

On dit parfois que nous sommes responsables de notre vie mais celle-ci est aussi un mystère, car nous sommes loin de tous naître dans les mêmes conditions. Il me semble cependant, avec le recul, que nous sommes responsables de ne pas faire opposition au courant, à la finalité qui est la nôtre, à notre destin, de voir les signes d'un changement à vivre.

Les grecs de l'Antiquité pensaient ainsi. De nos jours on n'a plus ce réflexe, on entend plutôt les gens dire que le destin n'existe pas et que chacun fait son destin. C'est contradictoire, cela revient à dire qu'il n'y a pas de destin, il n'y a qu'un avenir que chacun contrôle.
Contrôle-t-on tout? N'y a-t-il pas une part de l'avenir que vous ne contrôlez pas mais que vous pouvez actualiser ou dont vous pouvons tirer partie, sous la poussée de cette force mystérieuse qui agit au dedans de vous? Personnellement, j'en suis arrivé à voir un enchainement des faits qui m'a étonné. Je ne savais pas quel destin se tramait par mes diverses décisions.

Ce destin est notre *essence* dont le gardien est notre « daimon » personnel.
Lorsque je parle d'essence, je me réfère à ce dont parle le psychanalyste James Hillman dans *Le Code caché de votre destin* qui est basé sur le mythe d'Er le Pamphylien formulé par Socrate dans le livre X de Platon.

Selon ce mythe chaque être qui nait, est porteur d'un destin préparé par les Parques, qu'il ne choisit pas qui est son essence et qu'Hillman appelle « l'akène ». Cet akène est comme le gland du chêne contenant la finalité du chêne tout entier, comme celle de la personne. La personne qui nait est accompagnée d'un gardien qu'elle aurait choisi à sa naissance appelé daïmon ou genius. Ce gardien sait quelle est sa mission alors qu'elle., l'a oublié au moment de la naissance.

Socrate vantait le rôle de son daîmon dans sa vie. Ce daïmon connait le destin tramé par les fileuses ou les Parques issu de la Loi de la Nécessité. Cette personne l'a oublié en naissant, elle doit se fier à ce guide qu'elle a choisi pour l'accompagner. Ce daïmon est un guide dans la réalisation de ce destin.
Je viens de mentionner les Parques. Un soir alors que j'étais en Normandie, j'écoutais Radio France et j'entendis à Radio France, le Chant des Parques ou Chant du destin de Brahms. Cela m'avait frappé étant donné mon intérêt pour la

notion de destin. . Pour moi c'était une sorte de consécration du destin dans une œuvre musicale.

On présentait par la suite Pelléas et Mélisande, un poème de Maeterlink, mis en musique par Arnold Schoenberg. On mentionnait que Maeterlinck avait habité la commune de Rançon (où j'étais allé marcher durant la journée. près de St-Wandrille (où je résidais dans le monastère du même nom). J'ai senti l'esprit des lieux, comme si je me trouvais dans un lieu habité par l'art

Avez-vous senti à certains moments de votre vie que vous aviez été guidé vers des décisions, des choix lesquels avec le recul vous semblent avoir été dictés par une volonté hors de votre contrôle ou incompréhensibles, comme si la vie avait tiré les ficelles et que vous n'aviez pas eu le choix de suivre tellement la pulsion était forte. ? Parfois nous n'écoutons pas ou choisissons de ne pas suivre cette intuition.

De plus avec le recul vous pouvez constater comment les diverses décisions avaient interagi pour que vous obteniez un résultat que vous n'auriez pas imaginé ou qui n'aurait pas été possible sans cet enchainement des événements.

Nous avons abordé dans ce livre, la recherche du mythe personne. Évidemment avant de comprendre le fil conducteur vers la mission de vie, il faut des années de recul. Comme le dit Schopenhauer, cela arrive avec l'âge.

Personnellement. Je trouve que ce tournant dans ma vie à trente-neuf ans qui m'a emmené à la profession que j'exerce depuis trente-cinq ans, a été préparé par les expériences qui remontent à la vie que j'ai connue depuis ma naissance.

Note biographique

J'ai été le confident et consolateur de ma mère très tôt, rôle qui est devenu ma profession auprès de beaucoup de femmes et d'hommes qui me ressemblent. Il y avait d'ailleurs des livres a la maison dont la collection Vous du docteur Yves Morin que je me souviens d'avoir feuilletés très jeune.

L'exode de mon milieu familial à six ans m'a permis de connaître un autre cadre de vie et d'être emmené à développer mes dons, surtout artistiques. Je pense à la capacité de m'exprimer par la diction, le théâtre, le chant. Ces dons ont continué à se développer avec mes cours chez la célèbre madame Jean Louis Audet a Montréal après ma participation à la pièce de théâtre *L'enfant maudit* et par la suite avec Henri Norbert comédien illustre à Montréal, pour le théâtre pratiquant le rôle de Poil de Carotte dans la pièce de Jules Renard. Je ne dois pas oublier l'expérience d'avoir fait partie de diverses chorales comme choriste et soliste. J'ai aussi suivi des cours de chant avec José de Laquerrière, fondateur du Chœur de France pendant deux années.

À soixante ans, j'ai aussi retrouvé le chant comme passion suivant le conseil d'une infirmière du département de psychiatrie du Centre hospitalier Cité de Laval, ou je séjournais après une tentative de suicide. Je m'inscrivais a des cours au Conservatoire de musique de Laval, et plus tard a des cours de chant avec la cantatrice Aline Desmarais, puis a l'École préparatoire de musique de l'UQAM.(Université du Québec a Montréal) J'ai aussi fait partie du Choeur de Laval et d'un ensemble vocal.

La peinture que j'avais commencé à développer à l'âge de quinze ans s'est avérée une autre corde à mon arc sur le plan professionnel alors que j'ai pu travailler comme graphiste. J'avais pris divers cours de dessin de modèle vivant avec un dénommé père Lang puis avec l'artiste Andrée De Groote. En 1983 je terminais un baccalauréat en Education par l'art (enseignement de l'art) dans la faculté des Beaux-Arts à l'université Concordia et finalement la formation en 1986 je terminais une maîtrise en Art-thérapie qui demandait des crédits en art mais aussi en psychologie. Les crédits en psychologie je les avais par ma formation pendant un an en Psychologie et dans la formation en Art Education qui comportait des cours de psychologie de l'enseignement.

Mon besoin de me comprendre moi-même m'a poussé vers la psychologie et mon amour de l'art m'a aussi poussé vers ce domaine qui s'est trouvé réuni à la psychologie par l'art-thérapie.

Voyez-vous un fil conducteur dans votre parcours qui vous a mené vers une profession ou un intérêt particulier qui s'est manifesté et vous a servi au cours de votre vie?

La notion de destin continue à m'inspirer car je crois que tant que nous sommes vivant, il y a encore des facettes de notre mission de vie qui continuent à nous propulser vers des initiatives nouvelles.

Persée dans le ventre de Danae

J'imagine l'état de la mère et l'état de l'enfant porté par cette mère angoissée par la menace venant de son père.

Revision de vie et reparentage

Le récit de votre vie représente une démarche qui s'appelle une révision de vie. La révision de vie est souvent associée aux personnes âgées, mais elle peut être utile tout au long de sa vie. Elle sert à trouver la sérénité avec son parcours de vie.

R.N.Butler (1963) qui propose le concept de la révision de vie le définit dans l'ouvrage *La revision de vie: Une interprétation de la réminiscence chez la personne âgée(* Psychiatry, 1963)
« C'est un processus mental qui survient naturellement caractérisé par le retour progressif à la conscience des expériences passées et particulièrement, la résurgence de conflits non résolus; simultanément et normalement, ces expériences et ces conflits ravivés peuvent être observés et réintégrés…promptement par la réalisation de l'approche de la dissolution et de la mort et l'incapacité de maintenir le sentiment de l'invulnérabilité personnelle. » (p. 66).

Cette partie de ce livre est donc avant tout une démarche de création d'images dans laquelle je vous invite à récapituler votre propre histoire de vie au moyen de dessins, aquarelles ou collages ou d'images trouvées dans des revues. Rappelez-vous que le but est d'en arriver à identifier votre mission personnelle . C'est elle qui donne un sens à votre parcours.

Mythe personnel

Dans mes recherches sur les mythes, j'ai découvert celui de Persée et de sa mère Danae. J'ai ressenti une résonnance entre ce mythe et mon histoire. En effet après un parcours houleux ou il cherche à protéger sa mère, Persée va aller tuer la Meduse une des Gorgones et il sauvera Andromède une femme enchainée. Je sentais que ce mythe me ressemblait et j'ai voulu approfondir le parcours du personnage. Un demi-dieux né de Zeus et de Danae.

L'avant et l'après de la naissance et l'innocence du début

La grossesse

On peut se poser les questions : « D'où est-ce que je viens? Avec quoi suis-je venu au monde? Quel était mon bagage originel? » se demande Denis Hertz. Cette étape correspond : « …à la vie intra-utérine ou celle de la prime enfance qui suit dont on n'a plus le souvenir et durant laquelle nos besoins étaient satisfaits sans conscience que l'on ait quelques efforts à faire. C'est celle qui nous a donné nos dons et nos talents mais nous n'en avions pas encore conscience» ? Il faudra neuf mois parfois moins pour les bébés prématurés pour être prêt à commencer sa vie. Quel mystère entoure la naissance de l'être, mystère qui commence par un séjour dans le noir, dans une période d'enveloppement, de questionnement sur ce qui se trame au-dedans de la mère pendant que la mère a aussi une vie à elle, une mission personnelle dont l'enfant fait partie. La sienne se prépare. »

Qu'imaginez-vous en pensant à la grossesse dont vous êtes né(e)

Que savez vous au sujet de cette grossesse de votre mère? Quelle image ce thème vous inspire-t-il? Quels sont les événements qui entourent cette grossesse? Quel est le climat familial?

Note biographique

Ma mère n'était pas prête à avoir un autre enfant mais un prêtre lui avait dit qu'elle ne devait pas se refuser à son mari. La vie de ma mère à Montréal était tourmentée, comment pouvait-elle vivre cette grossesse? Elle avait vu sa fille de deux ans mourir de la méningite pendant cette grossesse. Elle était épuisée de la naissance d'un fils mort-né. Elle n'avait pas le droit de refuser la grossesse. On lui a dit que c'était Dieu qui l'exigeait sous peine de ne pas avoir l'absolution.

J'ai lu que lorsque la femme est enceinte elle revit ses grossesses précédentes qui sont ses mémoires sur l'expérience de donner la vie. Contrairement à ce que nous avons tendance à croire la grossesse n'est pas nécessairement un temps de joie pour toutes les femmes. *L'agence de la santé publique du Canada* dit :

« La période suivant la naissance (ou la période postnatale) est un moment où les femmes sont plus susceptibles de souffrir d'une dépression. Il s'agit là d'un fait bien établi. Pendant des décennies, les médecins croyaient qu'une plus grande quantité d'hormones lors de la grossesse protégeait les femmes contre la dépression.

Le fait qu'une femme puisse souffrir de dépression pendant la grossesse était relativement nouveau et, par conséquent, la plupart du temps la maladie n'était pas diagnostiquée. Vers la fin des années 70 et au cours des années 80, les chercheurs ont découvert que bon nombre des femmes dépressives après la naissance de leur enfant l'étaient également pendant leur grossesse.

Se sentir triste, négative, fâchée et anxieuse pendant sa grossesse est tellement pétrifiant que la plupart des femmes ne sont pas capables d'en parler. Il est donc difficile, en raison de ce silence, de diagnostiquer la dépression pendant la grossesse. Leur dépression est tellement loin de l'image de la « grossesse idéale » qu'elles ne peuvent s'imaginer que quelqu'un puisse les croire ou comprendre comment elles se sentent. Elles ont honte d'être déjà de mauvaises mères . Ces pensées peuvent se reproduire et les femmes peuvent s'enfoncer dans le gouffre de la dépression.

J'ai personnellement cherché un mythe social qui puisse faire écho à la préoccupation d'avoir été désiré par sa mère. *« Ainsi, la qualité du lien à l'enfant sera fonction de la capacité de la future mère à régler sa dette de vie et à gérer son mythe maternel »* selon M. BYDLOWSKI dans *La dette de vie : itinéraire psychanalytique*. Monique Lauret parle de l'imaginaire des hommes. Elle écrit:

« De la figure égyptienne d'Hathor, grande déesse de la vie et de son renouvellement, sous sa forme de vache primordiale, à la figure terrible de Médée, plus femme que mère, « vraie femme » pour Lacan, meurtrière de ses propres enfants par blessure d'orgueil, d'avoir été répudiée par Jason le père de ses enfants. ».

L'intérieur du ventre

Je vous invite si vous le désirez à dessiner maintenant votre vision de ce que vous imaginez avoir vécu en étant à **l'intérieur du ventre** de votre mère. Chaque histoire peut être complètement différente mais ma réflexion suite à mes recherches peut vous apporter certaines données qui vous permettent d'éclairer la vôtre.(Image 3) Je partage avec vous l'image que j'ai élaborée sur ce moment de ma vie.

Voici mon image de la vie intrautérine dans le ventre de ma mère

Note biographique

Ma mère était inquiète de cette troisième grossesse. Elle veillait sur sa fille de deux ans qui était en train de mourir à l'hôpital de Sherbrooke pendant qu'elle portait un troisième enfant : moi. Elle vivait l'adaptation au déménagement à Montréal.

Mon père devait trouver du travail dans un autre domaine que la cordonnerie qui était en compétition avec l'industrialisation de la chaussure. Dans la grande ville, il délaissait ma mère pour courir le Red Light mais aussi pour chercher fortune au jeu. Malheureusement . il gaspillait ses revenus et créait de l'inquiétude pour ma mère. Dans son ventre, je crois que je marinais dans son inquiétude.

Il existe des réflexion sur la vie intrautérine qui m'ont surpris et en même temps ont validé certaines perceptions ou intuitions de ma vie prénatale. J'ai surtout trouvé des textes poétiques comme ceux de Jos Bousquet citant Jung.

Dans Jung p.130l : » L'union rénovatrice se fera dans les eaux d'un vaisseau alchimique, la matière à purifier à exalter est confiée à une eau primitive, au mercure des philosophes..

Comme le dit Jung : « Toute grossesse est un excès hydrique. Le séjour dans le ventre est associé à un ventre sexuel et un ventre digestif. Parfois l'image du ventre multiplie ses fonctions »

« Déjà le minotaure était le ventre qui digère, qui brûle et engendre. » (Bachelard)

Dans l'article *La grossesse et la mince ligne entre le Bouddhisme et la médecine traditionnelle tibétaine* (du journal des Naturopathes ANPQ 22 novembre, Mylène Lapierre ND-53 Naturopathe en périnatalité écrit :

« Durant sa vie intra-utérine, le fœtus est rattaché à partir de son nombril à l'estomac de la mère par le cordon ombilical.

Je traduis le texte de Gampora que cite Lapierre :
« Avec ce cordon ombilical, il y a jouissance de l'essence de la nourriture et la matière créée par la nourriture émerge » (with this umbilical cord, the essence of the food is enjoyed and the matter generated by food arises.)

L'embryon commencera par se former physiquement et puis, il vivra l'expérience de la souffrance. La présentation de Gampora du développement du fœtus par exemple met le focus avant tout sur la croissance comme expérience de douleur et de souffrance récurrente ». (Gampora's presentation of foetal development, for example, focuses primarily on growth as an experience of recurring pain and suffering)

C'est à partir du septième mois que cette souffrance commence à le submerger. À la fois parce que l'espace le restreint, parce qu'il reçoit de la nourriture déjà consommée par sa mère, et à la fois, par les tourments que lui amène son karma. Il vit chaque moment comme mille ans. » Ce sont les seuls détails de Gampora.

« Durant le huitième et le neuvième mois, le fœtus ressent de la douleur durant les relations sexuelles de ses parents et il souffre lorsque sa mère à mal. Un sentiment de révulsion face à l'espace utérin le mènera à vouloir sortir coûte que coûte de cet environnement ».

«Dans la trente-sixième semaine, le foetus se sent malheureux d'être dans l'utérus et veut s'enfuir" (in the thirty-sixth week it feels unhappy about being in the womb and wishes to escape.)

Dans la trente-septième semaine, cinq aspects d'inconfort se manifestent :sensation de saleté, odeurs nauséabondes, sensation d'être confiné, noirceur et un pressentiment de misère de la naissance». (the thirty-seventh week, five unhappy notions manifest : sensations of uncleanness, foul odor, a sense of confinement, darkness, and a premonition of the misery of birth.)

Fascinant de comparer l'idée occidentale du fœtus dans son nid utérin, souffrant terriblement de devoir le quitter, avec l'idée bouddhiste que la naissance est déterminée par le dégoût du fœtus pour la matrice ce qui le portera à vouloir s'échapper.

Lapierre plus avant dans l'article :

« Malgré tout, certaines sources disent que c'est la partie négative du karma qui crée l'attache entre les parents et la conscience à venir. « Lorsque la conscience trouve un utérus qui lui convient, certaines traditions dissent qu'il s'y attache au moyen de trois emotions destructives : l'attachement, la colère et l'illusion »(When the consciousness finds an appropriate womb, some traditions claim that it takes hold there by means of the three "destructive emotions", attachment, anger, and delusion.)

« C'est une raison supplémentaire pour corroborer à la tâche purificatrice. Durant l'acte sexuel, la «passion des parents crée un passage pour la conscience désincarnée qui pourra chercher à renaître, poussé par un vent karmique et par le désir d'une incarnation humaine »

D'après Boisvert, c'est à cet instant que la naissance est établie.

« Puisque l'âge est calculé à partir de ce moment et non à partir du jour de la naissance, la recherche au sujet de l'enfance dans le bouddhisme dit que l'on ne peut négliger la conception ni la vie intrautérine ». (Since age is calculated from this moment, and not from the day of birth, [...] research into childhood in Buddhism cannot neglect conception and intrauterine life.)

Je n'ai pas voulu ajouter toutes les recherches sur le sujet mais, celles-ci font écho à ce que j'ai voulu exprimer, sans me baser plus de connaissances scientifiques mais une pure intuition émotionnelle sur la souffrance intrautérine.

Persée dans le ventre de Danae

Le père de Danae a appris qu'il serait tué par son petit fils. Il craint dont de voir sa fille avoir un enfant et l'enferme dans une tour afin qu'elle soit inaccessible à tout homme. Cependant Zeus voit Danae et désire se rapprocher d'elle. Le stratageme du père de Danae d'avoir enfermé sa fille ne l'empêche pas de se glisser vers elle et de la féconder. Cependant Danae qui se voit enceinte, craint la colère de son père. Elle porte donc son enfant (Persée) dans la peur. On peut imaginer comment elle est étranglée de l'intérieur et communique à son enfant sa terreur.

Reparentage 2

Personnellement, il consistait , à rétablir en moi, un apaisement prénatal. Je me rends compte que lorsque je dessine par exemple, j'aime mettre un fond musical qui m'apaise. Je crois que de mettre une musique et de s'imaginer le séjour paradisiaque ou du moins plus paisible dans le ventre de la mère rétablit une harmonie pour la vie post natale. Prendre soin de soi. Elle voyait mourir ma sœur pendant qu'elle me portait et j'ai à rétablir un apaisement, une sérénité face à cette grossesse.

Quel reparentage faites-vous du temps avant la naissance?

Comment imaginez-vous la vie à l'intérieur de votre mère dans sa grossesse de vous? Quel était le climat familial au moment de votre conception? Comment concevez-vous votre besoin de reparentage?

Comment êtes-vous allé dans cette période précédant votre naissance ou la naissance de votre enfant? Que vous a-t-elle inspiré comme image? Quelles certitudes avons-vous de ce qui a précédé votre arrivée dans le monde, il existe culturellement diverses croyances? Certaines nous viennent des religions comme la notion de karma des hindous, d'autres nous viennent des philosophes grecs qui mêlent des mythes anciens à la réflexion philosophique. Il se peut que la grossesse vous inspire une image ou une réflexion très différente sur laquelle vous avez écrit.

Que nous propose la mythologie comme réponse à ce qui précède la vie? Marie des Neiges Ruffo dans *Implications philosophiques ((septembre 2014)* dit du mythe d'Er, qu'une des raisons de la rédaction de ce mythe…se situe dans **le passage du choix de sa vie future par l'âme.**

Les hommes ont de tout temps imagé dans les mythes et dans les rêves leurs désirs, leurs craintes et leurs fantasmes. Votre travail de **reparentage** dont nous avons parlé au début du livre doit, je crois, remonter jusqu'avant la naissance. Lauret ajoute : « Le fantasme d'une mère dévoreuse de l'intérieur du corps et de ses bébés est un fantasme archaïque typiquement féminin, décrit par Melanie Klein comme l'angoisse féminine la plus profonde, que Freud avait soupçonné comme germe de la paranoïa ultérieure de la femme.

Comment êtes-vous allé dans cette période précédant votre naissance ou la naissance de votre enfant? Que vous a-t-elle inspiré comme image? Quelles certitudes avons-vous de ce qui a précédé votre arrivée dans le monde, il existe culturellement diverses croyances?

Certaines nous viennent des religions comme la notion de karma des hindous, d'autres nous viennent des philosophes grecs qui mêlent des mythes anciens à la réflexion philosophique. Il se peut que la grossesse vous inspire une image ou une réflexion très différente sur laquelle vous avez écrit un journal personnel.

Reparentage et la revision de vie

La démarche de revision de vie vous permet d'exercer une sorte de reparentage en traitant certains conflits non résolus qui sont demeurés enfouis dans votre conscience. et de votre rôle de re-parenteur.

Dans ce processus de récapitulation des étapes de votre vie, vous avez l'occasion de régler des comptes avec vous-même et avec votre histoire par la démarche que je vous propose également.

Je m'y suis intéressé, il y a une dizaine d'années, à partir de la thèse de Jacqui Lee Schiff une élève d'Éric Berne, un médecin psychiatre américain fondateur de l'Analyse Transactionnelle. Il ne s'agit pas de se changer mais d'accueillir son histoire et de se réconcilier avec elle ou de la célébrer selon ce qu'il vous plait de faire. Certaines personnes me disent qu'elles croient être restées bloquées quelque part dans leur vie, on pense à des nœuds que nous avons pendant cette récapitulation, l'occasion de dénouer.

La raison

As-tu peur de perdre la raison
Préférant vivre trahison
Tu pourrais par un simple adieu
Ouvrir la cage coupée des dieux

Tu avais sûrement tes raisons
De murer tes démons en maison
Mais que fais-tu de l'héritage
Tout sacrifier pour être sage

Vouloir contrôler temps et saisons
D'orgueil aveugle boire le poison
Tarissant source d'inspiration
Terre promise, désolation

Prend la route la plus insensée

Fuis destin triste, de trop penser

Chéris le don, de l'âme volée

Sans regret essaie de t'en aller

Que nous propose la mythologie comme réponse à ce qui précède la vie? Marie des Neiges Ruffo dans *Implications philosophiques ((septembre 2014)* dit du mythe d'Er, qu'une des raisons de la rédaction de ce mythe…se situe dans **le passage du choix de sa vie future par l'âme.** Les hommes ont de tout temps imagé dans les mythes et dans les rêves leurs désirs, leurs craintes et leurs fantasmes.

Votre travail de **reparentage** dont nous avons parlé au début du livre doit, je crois, remonter jusqu'avant la naissance. Lauret ajoute : « Le fantasme d'une mère dévoreuse de l'intérieur du corps et de ses bébés est un fantasme archaïque typiquement féminin, décrit par Melanie Klein comme l'angoisse féminine la plus profonde, que Freud avait soupçonné comme germe de la paranoïa ultérieure de la femme.

Reparentage 1

Pour accomplir sa mission, chacun doit faire la démarche de se remettre au monde, accueillir sa naissance. **Quel est votre travail de reparentage?**

Mon travail personnel de reparentage face à cette image de grossesse a été de l'investir d'un sentiment d'être désiré comme enfant, et de pouvoir méditer sur ma capacité de me choisir et d'entretenir cette volonté de naître.. C'est aussi l'occasion de redonner un confort à l'enfant que nous avons été dans sa flottaison tranquille. Entourez sa mère dans (ce temps passé), d'un sentiment de bienveillance qui l'entoure du dehors mais la remplit aussi du dedans pour son bien et celui de l'enfant.

Chapitre 9

Revision de vie : Deuxième exercice

Reparentage 1

Pour accomplir sa mission, chacun doit faire la démarche de se remettre au monde, accueillir sa naissance.

Quel est votre travail de reparentage?

Mon travail personnel de reparentage face à cette image de grossesse a été de l'investir d'un sentiment d'être désiré comme enfant, et de pouvoir méditer sur ma capacité de me choisir et d'entretenir cette volonté de naître.. C'est aussi l'occasion de redonner un confort à l'enfant dans sa flottaison tranquille. Entourez la mère d'un sentiment de bienveillance qui l'entoure du dehors mais la remplit aussi du dedans pour son bien et celui de l'enfant.

Reparentage 2

Note biographique

Personnellement, il consistait , à rétablir en moi, un apaisement prénatal. Je me rend compte que lorsque je dessine par exemple, j'aime mettre un fond musical qui m'apaise. Je crois que de mettre une musique et de s'imaginer le séjour paradisiaque ou du moins plus paisible dans le ventre de la mère rétablit une harmonie pour la vie post natale. Prendre soin de soi.

Quel reparentage faites-vous?

Comment imaginez-vous la vie à l'intérieur de votre mère dans sa grossesse de vous? Quel était le climat familial au moment de votre conception? Comment concevez-vous votre besoin de reparentage?

La naissance

Dans cet enfant en couche , si dépendant pour tous ses besoins, il y a déjà un être complet qui aura un rôle dans la société d'ici quelques années. Il aura des dons qu'il révélera. Il se distinguera des autres par son unicité. Il aura besoin d'être encouragé à devenir qui il est.

Cette essence, cet akène qui, comme le gland du chêne est déjà porteur d'une identité. Pour le moment il a besoin d'être aimé, dorloté, rassuré parce que le voyage vers la maturité est long et hasardeux. Les parents le savent l'ayant parcouru. C'est le début du chemin .

Dès la naissance, des chercheurs ont réfléchi sur les étapes que vivra l'enfant dans son développement. Pour Freud et sa théorie psychanalytique,le premier stade de l'enfant est centré sur le plaisir Oral.

Pour Piaget de la naissance à deux ans, le contact qu'entretient l'enfant avec le monde qui l'entoure dépend entièrement des mouvements qu'il fait et des sensations qu'il éprouve.

Le premier stade de la théorie d'Erik Erikson est centré sur les besoins basiques de l'enfant et des échanges avec ses parents. Erikson établit un parallèle entre ce stade et le stade Oral (centré sur le plaisir oral) de Freud dans la théorie psychanalytique.

La relative compréhension du monde et de la société par le bébé lui vient des parents et des interactions qu'ils peuvent avoir avec lui. Si ces parents lui apportent chaleur et une affection régulière et constante, l'enfant verra le monde où il vit comme un monde où règne la confiance. Si ces mêmes parents échouent à lui procurer un environnement sécurisant et une satisfaction pleine à ses besoins premiers, l'enfant le verra comme un monde inspirant la méfiance.

La révision de vie

Le processus de révision de vie commence à partir de la naissance. Raconter son histoire commence avec la naissance.

Quelles images associez-vous à votre naissance?

Que vous a-t-on dit sur votre naissance..

Faites une image qui illustre ce que vous savez de cette expérience.

Quelle image avez-vous pu créer qui vous rappelle le plus lointain souvenir de votre enfance : votre naissance.

Croyez-vous avoir été un enfant désiré? Dialogue avec l'image : je vous invite à écrire sur ce que cette image illustre

Quelle image vous faites-vous de votre naissance selon ce qu'on vous en a dit ou ce que vous imaginez?

L'image de ma naissance

Note biographique

Je me vois dans un foyer où ma mère est malmenée et je ne sais pas si je suis en danger. Je suis né couvert d'eczéma. On doit m'attacher les pieds et les mains pour m'empêcher de me gratter. On me couvre avec un drap au lieu de m'habiller. Est-ce que mes parents deviennent exaspérés de m'entendre pleurer. Je me suis identifié au mythe de Persée. Ma mère se sentait-elle en danger avec son enfant qui ajoute une tension dans le couple. Le conjoint veut-il cet enfant?

La naissance de Persée

La mère de Persée qui a échappé à la mort avec son fils est-elle apeurée et communique sa peur à l'enfant? Le père ayant découvert l'enfant par ses cris, veut détruire la mère et l'enfant. Il les enferme ensemble dans un coffre qu'il fait jeter à la mer afin qu'ils périssent tous les deux.

Chacun de nous a son imaginaire face à la naissance, selon ce qu'on lui a dit. J'ai voulu savoir quelles sont les croyances ou les propos d'auteurs sur le sujet. J'ai trouvé celui-ci qui parle de l'enfant désiré. Laurence Gavarini dans *L'enfant victime ou la construction d'une mythologie et d'une normalité éducative,* dit :

« À notre époque(2006) la conception de l'enfant est programmée par les futurs parents pour se produire au moment voulu. L'enfant est dit désiré et ce fait est réellement nouveau voire révolutionnaire. L'enfant dit-elle est parlé, par ses parents bien avant sa naissance et on lui a parlé in utero »

L'enfant est parlé signifie, qu'on en parle, on planifie son arrivée. On lui parle aussi.

J'ai trouvé des propos sur la condition de la peau de l'enfant et en général. Cela m'intéressait et vous intéresse peut-être. Dans Santé magazine un article intitulé Acné liée au stress :comment limiter les dommages.

« Le stress peut provoquer ou aggraver différents problèmes physiques, y compris les problèmes de peau. Psoriasis, pellicules, eczéma, urticaire, herpès et acné en font partie. En effet, la peau et le système nerveux sont étroitement liés, » rappelle le site américain Medical Daily. Lorsqu'on souffre de problèmes d'acné, une montée d'angoisse provoque automatiquement des boutons. Alors comment faire pour en venir à bout ? Deux solutions sont envisageables.

Des techniques anti-stress simples à mettre en place, souvent prises à la légère, peuvent donner un bon coup de pouce et améliorer l'équilibre de votre peau. La relaxation, la méditation, la sophrologie et le yoga font parfois des miracles.

Parfois, même un simple bain, une promenade, un massage ou une heure de lecture suffisent à relâcher les tensions. Essayez de dormir suffisamment, de vous alimenter de façon équilibrée et de pratiquer du sport régulièrement. Trouvez un mode de vie qui vous permet de souffler, vous réduirez ainsi votre problème de peau et gagnerez une bonne dose de bien-être.

À ma naissance on avait parlé de changer mon sang. C'est une pratique qui existe qu'on appelle l''exsanguino-transfusion (EST) « C'est un acte de transfusion qui consiste à remplacer tout ou une grande partie du sang d'un patient malade par du sang d'un donneur. *« Il s'agit d'un échange de sang volume à volume. On retire le sang du bébé et on le remplace par du sang reconstitué à partir de globules rouges et de plasma de donneur.*

Le volume total échangé est de 1,5 à 2 fois la masse sanguine du bébé, soit 140-160 ml/kilo chez le nouveau-né », précise le Dr Anne Cortey.

« Cet échange permet de retirer de l'organisme du bébé les composants toxiques dus à la maladie et de lui fournir du sang sans danger ».

Le Dr Jean Turgeon du CHU de l'hôpital Sainte Justine dans *Naitre et grandir* explique : « La forme la plus courante d'eczéma est la dermite (ou dermatite) atopique, aussi appelée « eczéma atopique » ou « eczéma du nourrisson ». L'atopie est une prédisposition génétique aux allergies. Celles-ci peuvent s'associer à l'eczéma, mais la dermite atopique n'est pas causée en soi par les allergies : il s'agit plutôt d'une hyperréactivité et d'une grande sensibilité de la peau.

Les enfants qui naissent avec cette hypersensibilité ont tendance à réagir de manière exagérée au contact d'irritants normalement inoffensifs, que ce soit des aliments, des plantes, des animaux ou de l'air. Des facteurs émotifs ou psychologiques, le stress et l'air sec (chauffage durant l'hiver) peuvent aussi contribuer à l'apparition d'eczéma. Il est important d'en tenir compte lors du traitement.

Parfois, l'eczéma atopique est associé à d'autres réactions allergiques, comme la rhinite allergique (rhume des foins) et l'asthme. Exceptionnellement, surtout dans le cas des nourrissons, certaines allergies alimentaires peuvent aggraver la dermite atopique, mais elles en sont rarement la cause. À moins que l'eczéma soit important et difficile à contrôler, des tests d'allergies ne sont habituellement pas nécessaires. Certains enfants souffrent parfois d'un eczéma de contact, ou dermite (dermatite) de contact irritative ou allergique.

L'inflammation est causée par le contact direct avec une substance irritante (certains savons, de la salive autour des lèvres, etc.) ou avec un allergène, tel que le sumac vénéneux (herbe à puce), le nickel contenu dans un bijou, les boutons de chemisette ou de jeans ou la boucle d'une ceinture.

Les premiers symptômes se manifestent généralement au cours de la première année de la vie, le plus souvent entre 2 mois et 6 mois. La maladie évolue ensuite par poussées périodiques (crises d'eczéma). Il est rare que l'eczéma apparaisse après l'âge de 5 ans Les crises se calment habituellement vers l'âge de 5 ans ou 6 ans, avant de ressurgir parfois durant l'adolescence ou à l'âge adulte

Christine Louveau, d*octeur en neurobiologie et en pharmacie, Sophro analyste des mémoires prénatales de la naissance et de l'enfance ,psychothérapeute* explique que le Dr Claude Imbert docteur en médecine a quitté cette voie traditionnelle depuis 1991 pour créer la Sophro-analyse prénatale. Philosophe et logicienne .professeur émérite à l'École normale supérieure. de Paris, elle a révélé le rôle fondateur des empreintes prénatales dans la construction du psychisme humain.

Dans *L'avenir se joue avant la naissance (Éditions Visualisations holistiques* Elle dit : « Nous portons des blessure depuis la vie intra-utérine. Même en l'absence d'organe des sens développés, notre conscience capte, enregistre et évalue toutes les informations dans l'utérus et dans l'environnement immédiat de notre mère. Dans les moments difficiles où les émotions se bousculent et nous submergent (par exemple sentiment d'abandon, de rejet, de pas être conforme, de culpabilité…) personne n'est là pour nous protéger, nous consoler, ni surtout nous expliquer ce qui se passe,

En l'absence de toute compréhension, l'embryon ou le fœtus, interprète à sa manière (limitante) l'événement douloureux et en fait une croyance qui se grave dans le marbre de sa vie. Les principales interprétations , qui sont aussi les plus lourdes sont

« je n'ai pas de valeur- je ne suis pas digne d'être aimé- j'ai fait quelque chose de mal et je mérite d'être puni . ..

La libération des mémoires prénatales et de naissance est une voie remarquable de guérison, un tremplin unique d'éveil à notre être et d'expression de notre potentiel dans un cheminement d'ouverture de conscience et de réconciliation à nous-même et au monde. C'est aussi une renaissance à qui nous sommes vraiment, couronnés du titre et de l'énergie de créateur de notre vie. » Gandhi aurait dit : « La liberté extérieure ne nous sera octroyée que dans la mesure exacte où nous aurons su, à un moment donné, développer notre liberté intérieure. »

Reparentage

Dans la perspective du reparentage, évoquer un besoin qui pourrait remonter à votre naissance. Comment vous viviez dans cette difficulté. Voyez comment dans votre image ou votre écriture vous traduisez la manière dont vous voulez combler le besoin ressenti d'après ce qu'on vous aurait dit. Qu'est-ce qui a besoin d'être réparé? On dit que l'enfant est en convalescence. Il s'agit de recréer l'expérience prénatale

Chapitre 10

Les trois premières années de votre vie

Quelle image se présente à vote esprit en lien avec les premières années?

1-3ans

De quoi vous souvenez-vous?

Quels incidents vous a-t-on racontés sut cette période?

La fessée est-elle une mémoire? Est-ce que ce serait une deuxième image?

La fessée

Quelle image avez-vous de la fessée?

En avez-vous?

L'enfance de Persée

Comment ma mère vivait-elle la présence de cet enfant qui est une menace pour son père. Danae qui a été rescapée avec son enfant et qui vit dans dans l'île dont le roi Théodecte la convoite. Elle se renferme avec l'enfant pour échapper à la convoitise du roi. Perd-elle patience avec Persée, qui est la cause de sa peur, et qu'elle cherche à cacher?

Note biographique

Ma mère m'a raconté cette histoire de fessée qui fait partie de la période de 1 à 3 ans. que j'ai illustrée par un assemblage d'éléments, la cuvette d'eau., la pantoufle, la main et les fesses. Ma mère m'avait fait garder par la voisine qui lui raconta comment je m'étais échappé et j'avais fait une selle dans la cuvette.. Ma mère trouvait que je mettais du temps à être propre et se fâcha. Elle me donna une fessée avec la pantoufle à semelle rigide. Il semble que je sois devenu propre suite à cette intervention, a sa grande fierté.

Guérir dans le silence
Se taire et écouter
Observer la conscience
Accepter de douter

Mais attendre quand même
Non je ne suis pas seul
Pour sentir que tu m'aimes
Je dois fermer ma gueule

Tu m'as fait de lumière
M'as bercé de ta voix
Ferme un peu les pàupières
Vois Je suis toujours là

Tu pourras m'oublier
M'ignorer m'occulter

Que je tienne ta main

Comme le raisin de la vigne
Aux branches prend sa sève
Je t'ai fait souvent signe
Pour que tu te relèves

Mythe sur la fessée

La fessée comporte des mythes entourant les corrections corporelles. De 1 à 3 ans, selon Erickson est la période où l'enfant a d'abord besoin des parents pour tous ses besoins puis graduellement il doit développer davantage d'autonomie. S'il n'est pas encouragé à agir par le dénigrement (honte) ou la méfiance (doute) il manquera d'assurance. L'anxiété par rapport à la fonction anale peut être une source de conflit alors qu'on demande à l'enfant d'acquérir le contrôle de diverses fonctions (d'élimination).

Qu'en est-il du mythe social qui entoure la fessée? J'ai trouvé cette référence à Jame H Burnett III dans Courrier International *:* A la fin des années 1960, une étude a montré que pratiquement tous les parents américains pensaient qu'une bonne correction était indispensable au bon développement de l'enfant. Le fait serait un mythe social mais aussi un mythe au sens de fausseté.

Cette croyance a perduré pendant des décennies. Murray Straus, codirecteur du Laboratoire de recherches familiales de l'université du New Hampshire, est l'un des chercheurs les plus réputés dans le domaine des châtiments corporels et l'un des plus virulents détracteurs de ces pratiques. Il a commencé ses recherches sur la fessée dans les années 1950.

Plus tard, il s'est interrogé sur les effets durables des fessées reçues pendant l'enfance et il a découvert que cette pratique pouvait entraîner des séquelles psychologiques, notamment une faible confiance en soi et un comportement agressif.

Strauss et d'autres chercheurs ont accumulé une foule de données allant dans le même sens. Dans un article d'Universalis *Enfant et psychanalyse*, Robert Mishrahi dans une partie intitulée *Les mythes de l'enfant dans notre société* s'exprime quant à la nature de l'enfant.

« Ce n'est pas une série d'erreurs et de mythes (qui n'expriment que l'angoisse de la société adulte) que l'enfant est méconnu dans son être : en fait, ce qu'on dit ordinairement de l'enfant exprime plutôt la représentation que l'adulte se fait de cet enfant, c'est-à-dire le rôle qu'il lui attribue dans la société, mais aussi par rapport à lui-même et à ses difficultés

L'enfant est le support ou le refuge ou le masque de la névrose des parents ou de leur angoisse. C'est cette même fuite qui explique tous les mythes de la pédagogie et de la pédiatrie : l'enfant sans problèmes, l'enfant bien adapté, les parents parfaits, l'école sans histoire. On transforme l'enfant en mécanisme d'adaptation et en outre on le charge de cristalliser les angoisses ou de réaliser les idéaux des adultes.

Maud Mannoni dit :

« L'enfant est en réalité abandonné à sa désespérance, s'il est malade ou à la solitude de son effort pour vivre s'il est bien portant.

Pour Butler :

« Le processus de révision de vie est vu comme essentiel à l'organisation finale et l'intégration de nos conflits non résolus. Le processus de révision de vie représente une dernière occasion pour l'individu de résoudre et en venir à comprendre les conflits de la vie antérieure.

Butler propose : La vie peut être acceptée seulement à travers la résolution des conflits et l'intégration dans la personnalité qui en résulte. Je me dis que je dois pardonner et comprendre ma mère mais aussi d'autres personnes comme mon père, et des enseignants qui croyaient bien faire en imposant des corrections et ne pas nourrir de rancune à leur égard.

Avez-vous un souvenir de correction ou de réprimande que vous voulez traduire par une image, sinon illustrez autre chose qui vous vient à l'esprit.

Quelle image ou réflexion le reparentage vous suggère-t-il? Qu'est-ce qui correspond à votre besoin? Cette revision de vie permet de revisiter des émotions enfouies et de les libérer.

Reparentage 4

Qu'est-ce que j'ai à réparer en moi-même? Il y a mes attentes quand au besoin de ma mère et de mon père. Il y a aussi les violences physiques subies que je n'ai pas comprises ni vraiment intégrées.

Comment je peux pacifier les séquelles des manques ou des abus?

Comment puis-je exprimer ces manques qui créent des difficultés relationnelles?

Chapitre 11

La petite enfance (3 à six ans)

Mine de rien, nous sommes en route vers notre mission de vie. Nous avons choisi cette famille, ces événements qui faisaient partie du bagage de notre destin mais nous ne nous souvenons de rien. Le daîmon (accompagnateur) sait comment ce milieu, ces incidents, ce climat dans lequel nous baignons nous prépare à notre mission. Le daîmon est présent au quotidien, que nous devons affronter mais il a une vision de nous beaucoup plus grande que ce quotidien de la petite enfance. Nous sommes déjà des êtres complets comme le chêne dans le gland.

Qui sommes-nous? Nous ne le savons pas, nos parents ne le savent pas non plus. Nous sommes trompés par les apparences de notre fragilité. Pourtant nous sommes appelés à un avenir que nous ne soupçonnons pas, ni nos parents.

Stade 2 :5-7 ans Kohlberg Stade 2 intérêt personnel

Pour Kohlberg cette étape dans le développement moral qui commence à cinq ans, correspond au deuxième stade, à la période où l'enfant intègre les récompenses en plus des punitions. Il réfléchit.

L'enfant ne se soucie que de son intérêt propre, les règles lui sont extérieures. Le rôle parental est d'apprendre à mettre des limites à l'enfant. C'est la période des découvertes, se tenir debout, marcher, sauter, avoir des jouets, des amis. Aujourd'hui en 2019 c'est aussi aller à la garderie et socialiser.

Stade 2 Piaget (2-6) pré-opérationnel

Stade 2 :(3-6ans) Initiative vs culpabilité Erikson parle d'un mode pénétrant qu'il met en parallèle avec le stade phallique de la théorie psychanalytique. L'enfant devient donc de plus en plus capable d'accomplir des tâches dans un but précis et donc de pouvoir établir des choix sur des activités à poursuivre. Si les parents et l'école l'encouragent, tout en le guidant et en l'aidant, l'enfant développera son sens de l'initiative. Dans le cas contraire, il développera un sentiment de culpabilité envers ses besoins et ses désirs. L'enfant commence à faire des actions dans un but. La culpabilité fait aussi son apparition en tant que nouvelle émotion qui apporte de la confusion. Il peut se sentir coupable de choses pour lesquelles logiquement il ne le devrait pas. Il peut ainsi ressentir de la culpabilité de n'avoir pas pu réussir quelque chose. Il se prépare à prendre des initiatives qui le mèneraient vers des rôles sociaux (leadership, etc.) au travers de conduites « à risque » où il teste ses propres limites : traverser une rue seul, faire du vélo sans casque. Durant ce stade, l'enfant peut aussi développer son acceptation, ou non, de la frustration et donc, parfois, des comportements « négatifs » : jeter des objets, frapper, crier.

Stade 3 (3-6ans) phallique-génital Freud Selon la théorie freudienne, la zone érogène est alors génitale et urétrale, et le plaisir est lié à l'exhibition, au voyeurisme concernant les organes génitaux. C'est la période de la différenciation des sexes qui mène à une reconnaissance de l'identité sexuelle et de la sexualité. Mais apparaît aussi un conflit lié au tabou de l'inceste avec le complexe d'Œdipe : l'enfant veut posséder sa mère mais pour cela il doit détruire son père, son rival, or il aime son père et l'admire. Ce sentiment crée un conflit important duquel l'enfant doit sortir. Pour posséder sa mère il va donc s'identifier au père en subissant son autorité ; pourtant en s'identifiant à lui, il se détachera de sa mère. Le père qui était un rival devient l'objet à imiter pour s'approprier sa puissance. Pas facile tout cela!

Quelle image vous vient autour de cette période de 3-6 ans.

La petite enfance de Persée

Persée n'a pas de père. Il vit à la cour du roi Théodecte qui convoite toujours Danae qui le fuit. Le roi tente de séduire le jeune Persée afin de l'apprivoiser et pouvoir ainsi se rapprocher de la mère avec la complicité de l'enfant. Mon mythe personnel *j'imagine qu'il avait peur de ce roi qui pourchassait sa mère. Si je reprends mon mythe de Persée, il n'a pas de père physique, concret étant né de Zeus ou Jupiter. Il a accès à sa mère complètement à cause du père absent. Le roi Théodectes représente la menace de lui prendre sa mère. Cette ambigüité me parle de la situation où l'enfant n'a pas de père auquel s'identifier.*

Note biographique

Mon père était présent de manière sporadique et les chicanes me donnaient l'impression que la vie était meilleure lorsqu'il était absent. En même temps j'aimais les moments que je pouvais passer avec lui. Je me vois assis sur ses genoux pour regarder les bandes dessinées ou je me sens heureux. Je me vois dans ma relation avec ma mère qui est en colére contre mon pére à cause de ses frasques qui la rendent jalouse. Elle n'aime pas que je me rapproche de mon père qu'elle accuse de vouloir m'enjôler.Je ne sais pas trop comment me comporter dans cette situation ou je suis entre les deux trop jeune pour comprendre pourquoi ma mère ne veut pas que je me rapproche de mon père. De plus l'oncle incestueux abuseur de ma mère apparait dans le décor et essaie lui aussi de me séduire pour reprendre du pouvoir sur ma mère qui cache ses années de victimes auprès de sa famille et de son mari pour ne pas noircir sa famille face à sa belle-famille. A quatre ans je suis victime de cet abuseur.

image de 3-6 ans

Mythe social et propos d'auteurs sur l'enfance

Marie-Josée Chombart de Lauwe écrit dans *Un monde autre: l'enfance* : » **Le mythe de l'enfance** n'est pas sans danger pour l'enfant lui-même. Il pourrait tendre à l'enfermer dans un monde séparé, à lui ôter l'envie de devenir adulte. Beaucoup d'enfants sont placés en familles d'accueil ou vivent dans des milieux dysfonctionnels. Beaucoup d'enfants reçoivent des attentions qui ne sont pas destinées à des êtres de leur âge qui les déroutent et les isolent des autres. »

Laurence Gavarini parle dans *Figures et symptômes de l'enfance* de l'enfant victime ou de la construction d'une mythologie et d'une normativité éducative. Elle dénonce la montée en puissance de l'enfant-victime qui révèle les remaniements du rapport social et affectif à l'enfant, le redéploiement des normes régissant ni plus ni moins que l'éducation quotidienne. Elle parle des formes de sacralisation dont les enfants font l'objet .Elle décrit les phénomènes et les affects quelque peu extrêmes qui s'expriment à leur égard vu la révélation de nombreuses autres affaires de pédophilie. Je parlerai plus loin de la perte de l'innocence

« Quelle importance a le point de vue de l'enfant dans les situations de couples qui mettent en péril leur sécurité émotionnelle. » Gavarini parle en lien avec la Convention des droits de l'enfant en 1989 (en France) de la parité de principe entre les enfants et les adultes en tant que personnes, à l'égalité du point de vue de leurs paroles respectives, égalité de leurs statuts dans la famille, voire même égalité avec leurs éducateurs dans les institutions éducatives.

Le principe de la négociation dit-elle l'emporte sur celui de la contrainte ou de l'obéissance qui étaient traditionnellement de mise. On parle d'altérité en tant que différences irréductibles et l'égalité en tant qu'équivalence revendiquée. Les droits de l'enfant instituent une protection accrue du fait de sa minorité et infléchissent un rapport moins dominateur et moins répressif aux enfants et sans doute même une éthique de la relation éducative.

« La question de l'intimidation a bouleversé le public, il faut d'abord reconnaitre qu'elle existe et qu'il faut la dénoncer » Gavarini dénonce : Le déni collectif que des enfants pourraient être exposés à des haines et des violences sans égard pour leur jeune âge et leur faiblesse et que l'enfance est une période déterminante. Les adultes acceptent de concevoir que des enfants autour d'eux peuvent être maltraités, y compris par leurs plus proches.

Les situations traumatiques, le stress chronique comporte des conséquences sur la santé mentale de l'enfant. Liliane Daligand dans un article intitulé *Le*

Psychotrauma cite Lionel Baily qui parle de série d'événements traumatiques connexes ou à un stress chronique durable chez le jeune enfant et des symptômes qui peuvent apparaitre. Il parle de reviviscence du traumatique qui se révèle par le jeu dont la dimension plaisir est absente, les jeux qui répètent directement ou indirectement l'événement …

Il parle de: retrait social accru, de régistre émotionnel limité, de perte momentanée de capacités développementales acquises auparavant, de diminution de jeu. Il poursuit avec les symptômes d'éveil augmenté manifestés par les terreurs_nocturnes, la difficulté à s'endormir, les réveil nocturnes répétés, les troubles significatifs de l'attention, l'hypervigilance, la réaction de sursaut exagérée. Il ajoute les symptômes non présents antérieurement comme l'agression envers les pairs, les adultes ou les animaux, l'angoisse de séparation, la peur du noir le comportement défaitiste ou la provocation masochiste, le comportement de nature sexuelle et agressive.

Mon image de la peur

Les peurs chez l'enfant

Il y a un mythe du ***Diable.*** C'est un mythe (en latin : diabolus, du grec διάβολος / diábolos, issu du verbe διαβάλλω / diabállô, ... mal, aussi indissociables que la lumière et l'ombre. Dieu et le *diable* ne se réduisent donc pas à des métaphores mais constituent des *mythes.*

Le Diable (en latin : *diabolus*, du grec διάβολος / *diábolos*, issu du verbe διαβάλλω / *diabállô*, signifiant « celui qui divise » ou « qui désunit » ou encore « qui détruit ») est un nom propre général personnifiant l'esprit du mal (aussi appelé Lucifer ou Satan dans la Bible). Le mot peut aussi être un nom commun désignant des personnages mythologiques malfaisants, un ou des diables, avec une minuscule. Wikepedia

Mythe personnel

Note biographique

J'ai été témoin de beaucoup de violence dans ma famille. Je vivais des terreurs nocturnes et je me réfugiais dans le lit avec mes parents pour m'apaiser. C'était la solution pour que je cesse d'être effrayé et en sueur dans mon lit sous les couvertures.

Le climat de peur pour Persée

Je pense que Persée a vécu de la peur avant même de naître puis après sa naissance précipité avec sa mère dans l'océan sans comprendre ce qui se passait. Le roi Théodectes qui voulait avoir Danaë comme épouse faisait régner la peur autour de sa mère et lui.

Avez-vous une image personnelle de cette réalité?

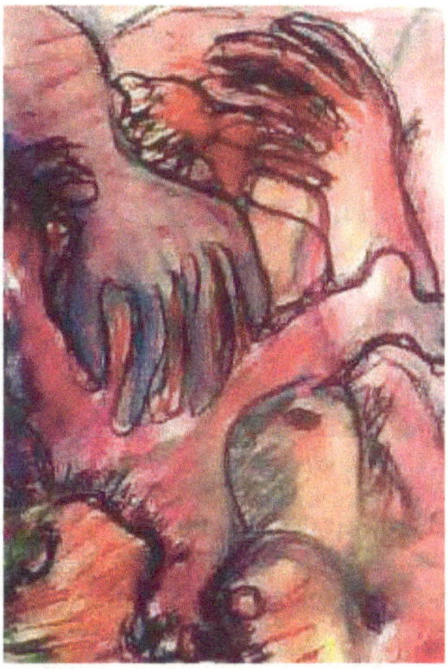

Mon image de l'abus sexuel

Mythe personnel

Note biographique

J'ai vécu l'abus sexuel très jeune. J'ai réalisé que j'avais vécu un viol à l'âge de quatre ans en faisant la thérapie du cri primal.

L'abus sexuel de Persée

Persée a-t-il vécu de telles expériences , on sait que Devereux que je citerai plus loin en fait état mais plus vieux. Je me faisais la réflexion par rapport à mon histoire: « Comment une mère endeuillée par la perte d'un enfant pendant une nouvelle grossesse et victime d'inceste forcée pendant toute son enfance peut-elle être portée à toucher son enfant sans y voir un aspect sexuel. » Ce livre de Montagu décrit comment le processus de la naissance et même le stade prénatal affecte la psychologie de l'adulte et à quel point le toucher maternel est important pour un développement sain. On parle de la relation mère-enfant juste

après la naissance et comment le toucher, ou son absence, détermine le développement futur de l'enfant, que ce soit pour la sexualité, les dispositions psychologiques, ou les maladies.
Pour moi qui ai fréquenté un orphelinat pendant quatre ans, je suis intéressé aux propos suivants.
Mythe social : Je me suis posé la question si le besoin d'être touché était réel ou si cela était un mythe social. Deane Jehan cite un ouvrage du docteur Ashley Montagu révolutionnaire, dit-elle à sa publication en 1971-*La peau et le touché Dans un article publié la revue Psychologie 2-08*-2013 L'analyse qui met en lumière les recherches depuis 1978 qui atteste l'importance de l'interaction tactile et du touché sous toutes les facettes du développement humain. On y parle des fonctions immunologiques de la peau, de l'importance du toucher surtout pour les personnes âgées, les études sur la privation sensorielle, la relation entre le touché et l'imagination et l'utilisation du toucher dans les situations psychothérapiques.

Le docteur Montagu affirme: Dans le travail sur le corps, j'ai découvert que ce qui compte n'est pas juste le toucher du thérapeute, mais aussi la réceptivité du patient. De nombreuses personnes, principalement dans notre culture, ne sont pas en contact avec leur corps, ou n'ont pas été soutenues durant l'enfance, et certaines ont très peur du touché ou perçoivent n'importe quel touché comme « sexuel ». Il poursuit : Je prends le temps de le souligner et j'éduque mes patients sur le toucher et sur comment recevoir un massage. Plus une personne est réceptive à un travail sur le corps, plus la session est efficace

Ce fut une leçon apprise dans des orphelinats du début des années 1900, lorsque les taux de mortalité infantile (environ 90%) incitèrent l'Université John Hopkins d'enquêter sur ce problème. Ils découvrirent que les enfants mouraient de faim par manque de contact, parce que le personnel avait à peine assez de temps de nourrir et habiller les enfants qui leur étaient confiés. Comme le personnel a été augmenté pour tenir, câliner et jouer physiquement avec ces enfants, le taux de mortalité est passé de 90% à 10% Un manque de stimulation sensorielle au cours des cinq premiers mois de la vie peut entraver le développement du système nerveux central au point d'entraîner un retard mental et même la mort.

« La peau est la surface du cerveau; toucher la surface remue les profondeurs. Je ne peux toucher la peau d'un organisme sans éveiller l'intégralité de cet organisme. C'est-à-dire que d'une part, la peau est la principale frontière de nos êtres physiques, et que d'autre part, elle est à bien des égards le principal seuil des interactions reliant notre monde intérieur au monde qui nous entoure.

Je pensais au Moi-peau de Anzieu .D'un point de vue clinique, plusieurs observations conduisent D. Anzieu à théoriser le Moi-peau. Les résultats des expériences éthologiques de H.F. Harlow démontrent que la recherche du contact corporel entre le petit et sa mère est un facteur essentiel du développement affectif, cognitif et social, indépendamment du don de nourriture et que la sexualité du petit singe dépend des liens qui vont s'instaurer dans le jeu de peau à peau appelé liens d'attachement. D. Anzieu fait le constat que ses patients états-limites, souffrent en particulier d'un manque de limites qui se manifeste par des incertitudes concernant les frontières entre le moi psychique et le moi corporel, le moi-réalité et le moi-idéal, par une indifférenciation des zones érogènes, des confusions entre les expériences agréables et douloureuses.

Ayant été couvert d'eczéma à ma naissance et pendant des années, puis de nouveau à l'adolescence couvert de furoncles, je lis un témoignage de P.Anzieu : Ayant été stagiaire psychologue dans le service de dermatologie du Dr Graciansky à l'hôpital Saint-Louis de Paris où il fait passer le test de Rorschach à des patients souffrant d'eczéma, il conclut que les affections de la peau entretiennent d'étroites relations avec les failles narcissiques et les insuffisances de structuration du moi.

Reparentage Ce qu'il y a à réparer par le reparentage, c'est de reconnaître que j'ai vécu des expériences qui pouvaient troubler ma relation avec les adultes et conséquemment avec les enfants. Mes images traduisent mes peurs et le sens du toucher grandement sexualisé. Je crois que cette image représente l'enfant qui a vécu de la peur qui doit être traitée. L'autre image parle du besoin d'être touché mais sans sexualisation.

Pour votre reparentage certaines questions peuvent vous aider.

Qui vous rassurait lorsque vous viviez des peurs?
Quelle image de réparation envisagez vous pour cette période de votre vie (3-6 ans)
Vous êtes vous senti laissé à vous-même avec un besoin d'être accompagné pour vous libérer de souvenirs enfouis ?

Comment réagissez-vous à mes réflexions? Quelle image monte en vous?

Chapitre 12

Période de réflexion et poème

Macabre rituel

Dans ce corps absent
L'appel incessant
Évoquant la nuit
Ou je crois avoir
Découvert le noir
Et glissé dedans
À corps dépendant
Fini le beau temps

Plaisir ou martyre
J'essaie de trouver
Pourquoi retrouver
Cet instant perdu
Dont je suis tordu
Soudain j'étais nu
En moi est venu
Ton être de fiel

Depuis m'ensorcelle
Je tente d'oublier
Et moi replié
Je ne puis dormir
Privé de plaisir
Je te réinvente
Trouvant la tourmente
Peur et épouvante

Recherche de joie
Qu'au fond je redoute
Elle me déroute
Me remplit de doute
Était-ce douleur?
Pour l'âme et le cœur
Ce plaisir pour toi
Ce gâchis pour moi

Tu te moques peut-être
De moi qui veux être
Souvenir trompeur
D'un masque porteur
D'une vérité Si mal supportée
D'un moment tragique
Que je veux magique

Car aucun plaisir
Ne saurait guérir
La blessure première
Faite à un enfant
Par un fol parent
Et souvent repris
Profitant de lui

Viens me délivrer
Viens me consoler
Piège de victime
D'un enfant le crime
Mon sordide amour

Durera toujours
Je me meurs d'ennui
Au cours de la nuit

Rituel macabre
Chimère et palabre
Garder le secret
Et point de regrets
Perte d'innocence
Voilant la conscience
Long est le chemin
Il semble sans fin

Cette longue route
Parsemée de doute
Ombres et mirages
Dans désert de rage
Quelqu'un viendra-t-il?
Tirer face ou pile
Je cherche d'un enfant
Son âme d'avant

Chapitre 13

Le paradis perdu ou la fin de l'innocence 6-12

Mon image : New York

Note biographique : Mon exemple de mythe personnel

Ma mère m'emmène chez son frère à New York, expérience d'émerveillement qui me montre une figure parentale illusoire qui sabote l'image du vrai père déjà précaire, qui est le mien. Peu après le retour de New York, ma mère m'envoie dans un orphelinat. Une expérience de séparation importante. À l'orphelinat je découvre les arts comme chanter, voir des acrobates.

Les figures parentales de Persée

Persée n'a pas de père connu, Zeus n'est pas présent dans sa vie. Par contre le roi Théodectes qui aimerait s'approprier de sa mère est lui aussi une fausse image parentale qui n'a aucun intérêt pour l'enfant mais pour sa mère. Danaë, tient Persée à distance du roi, il ne sait pas où est sa place, à quoi appartient-il, quel est son lieu de vie, où est sa maison familiale? À la cour du roi Théodectes, Persée vit dans un château, il est ouvert à une autre vie.

Les acrobates

Les sorties qui font partie des activités à l'orphelinat quotidien étaient caractérisés par l'aspect fantaisie.(Chant, théâtre) Le cirque et les trapézistes apportent une dimension transcendante a notre vie. Si le hockey a pu représenter le dépassement des jeunes dans les foyers québécois et le modèle favorisé par les pères de famille, les religieuses proposent d'autres modèles. J'étais sensible a ces spectacle qui réunissaient la musique, la théatralité et les habiletés physiques des athlètes.

La vie de Persée

On ne sait pas ce que Persée vivait, mais la vie à la cour traditionnellement comportait des fêtes, des danses. Il était exposé aux fantaisies du roi Théodectes.

Ma mère est atteinte de la sclérose en plaque

Mythe personnel

J'ai connu ma mère capable de marcher, je la vois monter à cheval, elle m'impressionne. Quelques mois plus tard, elle devient infirme marchant avec une canne. La sclérose en plaque la terrasse. Je me sens impuissant devant sa condition physique et sa relation précaire avec mon père.

Persée et sa mère

Persée voit sa mère pourchassée, lui semble-t-elle faible, fragile? Lui fait-elle pitié? Se sent-il impuissant pour l'aider comme jeune préadolescent? Cela va-t-il modifier son parcours de vie?

Avez-vous vécu des drames de ce genre maladie, décès qui viennent bouleverser le cadre familial.

Mythes sociaux et propos d'auteurs sur le Paradis perdu

Lorsque Hertz parle de la période du paradis perdu, il fait référence à cette période où on commence à avoir des responsabilités, le monde a des attentes sur nous nous ne sommes plus sous la protection des parents. Dans cette deuxième étape nous faisons **l'expérience de la séparation**,

Mon reparentage

Note biographique

Dans mon reparentage, comme adulte qui regarde ce temps de vie, je peux voir que je n'étais suis plus à la merci des décisions des autres pour mon bien-être. Je vis de l'impuissance. Je gérais ma vie et me donnais les conditions de vie que je choisissais comme je le pouvais. Je n'avais pas vraiment de modèle masculin équilibré. J'ai eu des modèles de religieux (frères et pères au collège dont certains avaient des comportements troubles. J'avais du mal à m'accepter comme j'étais et j'avais peu de patience et de tolérance envers moi-même. J'appréciais ce que la vie m'offrait et je saisissais les opportunités. Je cherche à voir comment cette exode m'a apporté des connaissances, m'a ouvert sur le monde, m'a permis de cultiver des talents.

Ce que je répare, ce sont les carences ou les égarements la perte de contact avec mes parents, l'absence de mon père comme conseiller, comme autorité modérée, comme exemple d'un homme heureux. Je dois m'inventer cette famille harmonieuse que je n'ai pas eue. Certaines expériences avec des enseignants religieux ont été troublantes dont un religieux sado-masochiste qui voulait être fouetté.

Persée et ses modèles masculins

Votre reparentage

Comment voyez-vous le reparentage pour cette période de votre vie?

Certaines personnes portent des souvenirs marquants qui nécessitent une intervention pour être contextualisés. Écrire et dessiner m'ont servi de moyen de

prendre une distance par rapport à ces souvenirs.

Chapitre 14

Les paradis illusoires L'adolescence 12-18 ans

Nous ne sommes pas encore dans notre mission de vie mais chaque période représente un fil conducteur de l'essence que nous sommes. Notre daïmon nous accompagne dans les dédales de l'expérience humaine qui peut prendre des tournants inattendus. Toutes les expériences font partie de la trajectoire.

Nous n'avons pas la capacité de voir clair et nous pouvons nous perdre dans des paradis illusoires, Cependant notre guide intérieur ne perd pas de vue notre essence, pourquoi nous sommes là et où nous devons aller tôt ou tard. C'est un processus complexe qui consiste à vivre nos expériences selon notre degré de maturité.

Quelle image ce thème vous inspire-t-il?

Mon mythe personnel

Hyde Park chez mon oncle pédophile :la lettre

A quatorze ans, vivre une situation dans le secret, cause un grand tort a l'adolescent. J'attend une lettre d'une copine pour me donner un sens d'ancrage dans ma vie d'avant à Montréal. Je n'ai pas de protecteur pour agir avec moi de manière appropriée.

Avez-vous vécu une situation qui représentait un clivage d'avec la réalité de votre vie d'adolescent dans sa famille alors que vous êtes dans un univers qui n'a pas de sens pour votre âge et personne a qui en parler.

Mon mythe personnel

Après l'effondrement de ma mère, je fréquentais une autre école. Ayant déjà repris des cours de diction à l'orphelinat, j'ai eu l'occasion de jouer dans une pièce de théâtre, comme pré-adolescent. J'aimais le cinéma qui me permettait de m'évader de la réalité. Confronté à une scène de violence, j'ai provoqué la séparation de mes parents pour que cesse la violence. Ma mère m'a emmené chez mon oncle, un pédophile en qui j'ai faussement cru trouver une figure paternelle. Il m'utilisait et ne s'inquiétait pas de la situation dans laquelle je me suis retrouvé, devant aller à l'école en portant un lourd secret. Mon visa expiré au bout de six mois, je reviens à la maison et je demande à mes parents de revenir ensemble avec mes parents, au lieu de retourner chez mon oncle. Je fréquente une école supérieure, je me mets à peindre, je m'attache à notre nouvelle maison. Je suis un adolescent perturbé qui trouve son équilibre dans la musique et la peinture.

Quelle sorte d'adolescence a Persée?

Dans Devereux *Sur la séduction des parents* 1953) on lit que dans l'Eschyle, Silène voulant épouser Danae amadoue le petit Persée, le fils naturel de Danae en lui promettant de bien l'amuse: il assistera dans le lit conjugal aux ébats de sa mère et de son parâtre. Un parâtre est un beau-père méchant, mari de la mère.

Silenos essaie de se mettre dans les bonnes grâces du petit **Perseus** (fils de Danae) dont on dit qu'il aime bien le pénis (781). Il lui promet de l'embrasser, de le laisser jouer avec des animaux sauvages et de lui permettre d'épier son coït avec Danae Lorsque Silenos sera trop vieux pour chasser, Perseus chassera à sa place – manifestement comme son substitut - pour Danae.

Devereux dit : «Dans un contexte clinique, le fantasme " paternel " de Silenos suggérerait des pulsions homosexuelles-incestueuses latentes; c'est cela que cette scène pourrait mettre en évidence. Il lui offre un paradis illusoire. Il lui offre une fausse réalité, une fausse relation pour l'amadouer et avoir sa mère. Il le manipule, ne l'aime pas, se sert de lui.

Reparentage : Je partage mon histoire pour celles et ceux que cela pourrait aider. C'est une période de bouleversement à 14 ans**.** J'étais content de voir ma mère séparée de mon père. Mes expériences sexuelles avec l'oncle Arthur me rendaient ouverts à ma relation avec l'oncle Welley qui avait 46 ans alors que j'en avais 14. Je ne réalisais pas comment cette vie m'isolait en me marginalisant face à mes camarades d'école à cause du secret que je portais. Je remplaçais le frère de Welley qui avait 30 ans qui avait été son amant pendant vingt ans et qui voulait mettre fin à la relation.

Mon reparentage consiste à m'encourage en me disant que je n'avais pas la maturité pour m'engager dans cette aventure. Mes expériences antérieures avaient été momentanées et n'avaient pas les mêmes conséquences. Mon reparentage consiste à surveiller mes choix, mes décisions quant aux relations dans lesquelles je m'engage. J'avais souffert des jugements de mes deux parents au sujet de mon aspect féminin, depuis ma naissance. Mon reparentage consiste à mieux m'accepter. Je croyais être mieux accepté avec mon oncle, mais je m'étais piégé dans une situation qui devenait de plus en plus compliquée. Je n'avais pas à chercher l'approbation à ce point là.

Chapitre 15

Jeune adulte 18-35ans

Stade 5 (18 ans +) Kohlberg Le Contrat social

Stade 6 18-34 ans) Erickson Amour Intimité vs Isolement

Il y a un chevauchement dans les âges reliés aux stades car chaque personne ne les atteint pas nécessairement à l'âge indiqué. Il en va de même pour la mission de vie. Il se peut que vous soyez dans votre mission de vie dans la vingtaine ou jeune trentaine. La valeur n'attend pas le nombre des années tout comme la maturité.

Au stade 5 Pour Kohlberg Le jeune intègre les normes sociales. Il respecte les lois même si cela va contre son intérêt et qu'il sait pouvoir échapper à la sanction. On peut parler d'amour des lois ou de souci pour le bien commun. Il commence à vivre sa sexualité. Il découvre les relations amoureuses.

Pour Erickson c'est Intimité vs isolement

Le jeune adulte est préoccupé de la manière dont les autres le perçoivent. Il change beaucoup physiquement. Son ego surdimensionné accroît la confiance en soi et en un avenir prometteur. Le sens de l'identité sexuelle se développe également vers la fin de l'adolescence. Dans cette transition entre enfance et monde adulte, l'adolescent pèse le pour et le contre dans les rôles qu'il pourrait jouer plus tard. Au départ, il rencontre de la confusion et il est porté à tenter diverses expériences dans les tâches et les comportements (baby-sitting, affiliation à des groupes politiques ou religieux…). Ce point névralgique de l'identification ressemble à une sorte de réconciliation entre « la personne à être » et « la personne dont la société espère la venue ».

Ce sens émergeant de l'identité se forge au travers de la synthèse des expériences passées et les anticipations du futur. Dans cette recherche personnelle, Erikson parle d'un « moratoire » donné par la société aux adolescents qui peuvent alors se livrer à diverses expériences. Comme pour les autres stades, les forces bio-psycho-sociales entrent en jeu. Parfois les adolescents entrent en conflit avec leurs parents quant à leurs orientations politiques ou religieuses.

Parfois, les adolescents peuvent choisir leur orientation professionnelle et d'autres fois, ce sont les parents qui ont un rôle décisif. D'autres fois, les adolescents subissent des pressions et acceptent « au forceps » d'expérimenter une voie alors que d'autres le tenteront d'eux-mêmes. Peu importe comment surgissent les choix du moment qu'ils sont ou deviennent personnels.

Selon Erikson : quand un adolescent balance entre « Qu'est-ce que je veux ? » et « Qu'est-ce e que je vais faire avec ? », il construit son identité. C'est là qu'intervient la fidélité en tant que moyen de soutenir une certaine loyauté dans un moment de contradictions et de confusions inévitables au sein d'un système propre de valeurs. Même si l'on donne 20 ans comme âge de « fin » de ce stade, celle-ci est fréquemment dépassée.

Quelle image avez-vous de cette période?

Mon image : Le séminaire à 18ans.

Mon mythe personnel

Un soir, j'avais dit à ma mère que si mon père me blessait encore en faisant allusion à mon homosexualiité., que je le tuerais. Est-ce que je le pensais vraiment? J'avais besoin qu'il me reconnaisse pas qu'il me détruise par ses paroles. Dans notre relation avec notre père il y a parfois un besoin de le tuer. Je me débatais dans deux relations qui ne fonctionnaient pas, une fille que je n'aimais pas et qui m'aimait et un garçon que j'aimais et qui ne m'aimait pas. Je décidais d'aller dans un monastère pour fuir la vie. Cette fuite devait aboutir à mon entrée dans un séminaire ou je devais terminer ma philosophie afin de devenir prêtre. Je n'ai pas réalisé ce rêve et j'ai dû faire face a ma réalité. J'ai eu une relation amoureuse avec un garçon et j'ai dû chercher un travail dans le domaine de l'art et de l'intervention sociale pendant quelques années. J'ai ensuite découvert le yoga et je suis devenu instructeur pendant sept ans. Au bout de mon expérience de yoga et de mes deux amours, je me voyais déçu et je décidais de me marier dans le but de fonder une famille sans réaliser que cela ne se ferait pas sans difficultés. A 35 ans, mon père décédait et je devais changer de travail, de graphiste a vendeur de meuble. A 39 ans je retournais aux études en psychologie cherchant a me comprendre

Mythe

Ou en étais-je dans mon identification avec Persée. Ce dernier était un jeune homme qui protègeait sa mère du roi Théodectes. Son aventure pour tuer la gorgone Méduse fut suscitée par un défi qu'il se donna sans y croire vraiment pour offrir un cadeau de noce au roi Thodectes. Le roi le prit au mot et en profita pour l'encourager à le faire pour l'éloigner de la cour pensant qu'il pourrait ravir sa mère Danaé. Je vois Persée comme un héros qui veut tuer Théodectes, une figure paternelle. Personnellement j'avais réussi a retirer ma mère d'avec mon père pour la placer dans une résidence, Je voulais la protéger.

Reparentage

Pour mon **reparentage** je vois combien j'avais besoin d'être guidé et que je faisais des choix souvent peu éclairées. La confession était un moyen d'avoir du support de personnes supposément capables de me guider et de m'enlever la culpabilité de mes transgressions. J'ai plus tard utilisé des groupes d'entraide (12 étapes) et des thérapeutes au lieu de prêtres pour me guider et je continuais à chercher à avoir des conseils lorsque j'en ai besoin. Mes recherches me permetaitent de contextualiser ce que j'ai vécu, entre autre avec des psychologues. A qui Persée pouvait-il se confier? Cette situation me ressemblait.

Comment cela vous reflète-t-il certains aspects de votre histoire.

Chapitre 16

Le paradis reconquis la mission de vie (36-65 ans)

Le paradis reconquis par la mission de vie qui redonne un sens à la vie et la sort de sa torpeur. Il est intéressant de suivre le fil conducteur qui a conduit à la mission de vie en faisant un retour sur son parcours depuis la naissance. L'âge de cette étape peut varier selon la précocité ou temps plus grand demandé pour y parvenir. Selon l'âge où se réalise cette étape les caractéristiques qui lui correspondent diffèrent. Dans mon cas, j'ai vécu un tournant à 39 ans avec mon retour aux études.

Ce n'est pas que je n'avais rien fait auparavant mais ce retour aux études pendant 6 ans a débouché sur une carrière inattendue et la co-fondation d'un organisme communautaire où j'ai passé trente cinq années à ce jour. En effet je m'y implique encore deux jours par semaine.
Denis Hertz parle de la période du **paradis reconquis** pour écarter les paradis illusoires

A 43 ans, en commençant ma maitrise en art thérapie, je me séparais. A 49 ans, je débutais une relation avec un homme qui devait durer 14 ans. A 44 ans je commençais mon implication dans la fondation du Cap.

Pour Eric Erickson cette période correspond au stade de Generativité ou de stagnation

Le souci de génération est le questionnement du stade sept. La valeur sociale de la production et du travail y est associée, avoir ou vouloir des enfants n'est pas le seul profil de cette générativité. Durant cet âge adulte médian, la principale tâche du développement est d'apporter sa contribution à la société et d'aider la génération future.

Lorsque les personnes apportent de telles contributions, en agrandissant leur famille, en travaillant à l'amélioration de la vie de la société, il développe leur sens générationnel, un sens de productivité et d'accomplissement. À l'opposé, une personne trop autocentrée, qui ne voudrait ou ne pourrait aider la société développe un sentiment de stagnation et d'insatisfaction.

Le Stade 6 Kohlberg correspond au Principes éthique universel

Le jugement moral se fonde sur des valeurs morales à portée universelle et est adopté personnellement par le sujet à la suite d'une réflexion éthique (égalité des droits, courage, honnêteté, respect du consentement, non-violence, etc).

Ces valeurs morales que se donne le sujet priment sur le respect des lois. Ainsi, la personne est prête à défendre un jugement moral minoritaire. Elle est capable de juger bonne une action illicite ou au contraire de juger mauvaise une action licite.

D'après Kohlberg, seul 13% de la population adulte atteindrait le stade 6. Pour Kohlberg C'est le début des grands idéaux. 13% des personnes atteignent ce niveau de morale Il faut demeurer réaliste quand au stade que nous atteignons durant notre vie. Étant donné que la vie est très imparfaite, nous atteignons une maturité également imparfaite, mais nous sommes capables de dépassements surprenants à cause de ce daïmon en nous qui nous guide vers l'accomplissement de notre essence.

Quelle image avez-vous de 35-65

à Mon image

Le mariage à 30 ans

Une relation qui durera 14 ans.,une autre union durera 14 ans à 50 ans.

La fenêtre et le vent

Mythe personnel selon l'essence

Mon personnage mythique Persée, part tuer la gorgone Méduse, il vole le casque d'Hades, il a le bouclier qu'Athéna la déesse de la guerre lui prête et il revient avec la tête de la Gorgone. Il libère ainsi sa mère du roi Théodectes.

C'est Théodectes qui l'avait encouragé à partir pour cette mission afin de l'éloigner du palais. Il espérait toujours gagner Danaé, qui le détestait.

Persée sauvera Andromède emprisonnée au rocher et victime des attaques d'un monstre marin. Je crois que cette expédition correspond pour moi à ma mission personnelle professionnelle et personnelle.

Dans Psychanalyse de Victor Hugo, Charles Beaudoin dit : L'âme humaine chez les misérables est une « sombre Andromède » blanche et nue dans les ténèbres (Misérables IV,III, 2) ce qui rattache le motif du rachat des misérables au mythe de la délivrance

Mythe social des guérisseurs :

Andromède est l'archétype de l'anima, celle qui a la bravoure de l'esprit. Dans le Dictionnaire d'archéologie sacrée, Jésus-Christ devient un Persée qui combat les 3 Gorgones et les trois concupiscences et qui délivre Andromède c'est-à-dire l'âme, de la servitude et de la mort. Son écu c'est la foi qui a douze attaches par les douze apôtres. L'imagination du poète allège le texte pour augmenter son symbolisme. Il donne à Mercure un chapeau de fleurs afin d'expliquer la rose, la violette et le lis et le souci qui s'y trouvent. Persée a une mission, délivrer Andromède ou l'âme. Le symbolisme , le rêve...la femme dans l'art à la fin du XIXe s. et au début du XXe. Le symbolisme au féminin replacé dans le contexte victorien des préraphaélites et un peu plus tard dans celui du mouvement symboliste, la féminité a deux versant : d'une part, elle pourrait être Andromède qui figure la victoire de Persée sur le monstre de mer, stéréotypé de la bonne féminité fragile, douce (Mistress Andessis) dans l'Ève future; à l'autre se trouve Méduse, emblème de la féminité dangereuse et sensuelle, incarnation du désir insatiable de la femme, beauté inhumaine et fatale (incarné par exemple par Salomé ou Hauteclaire, Stassi dans les diaboliques. Dans la légende grecque, Méduse a un regard terrifiant associé au bouclier prêté par Athéna à Persée.

Monbourquette dans son livre Le guériseur blessé (p.12) dit : « La blessure des soignants est reliée à leur ombre personnelle. Si les soignants ne prennent pas conscience de leurs refoulements accumulés dans l'inconscient, ils seront portés à projeter sur les soignés leurs tendances inconscientes de domination, de sexualité, de faiblesse, d'impuissance et de maladresse.

Ne s'étant pas soignés eux-mêmes, ils auront de la difficulté à soigner les autres. Préoccupés de leur petit moi (leur ego), ils oublient de se servir des ressources spirituelles du Soi, l'âme habitée par le divin. Voilà pourquoi j'insiste sur le fait que le guérisseur tire ses ressources à même la profondeur de son être, de son Soi. Trop de soignants en effet ignorent leurs fabuleuses ressources spirituelles. Ils s'interdisent de faire appel à la spiritualité, parce qu'ils ont faussement l'impression qu'ils se sentiraient dépendants d'une religion institutionnalisée. Ils préfèrent compter sur leurs seuls acquis scientifiques. » Montbourquette 1 poursuit (p.16) avec l'histoire d' Asclépios ,

« Il a subi de multiples vicissitudes au cours de sa vie. Il fut le fils d'Apollon, dieu de la beauté, des arts et de la médecine. Apollon eut comme amante une mortelle nommée Coronis. Celleci tomba amoureuse d'Ischys, un mortel comme elle, qu'elle prit comme amant. Apollon, qu'une corneille informa de l'infidélité de son amante, ne tarda pas à punir l'oiseau porteur de la mauvaise nouvelle, teignant en noir ses belles plumes blanches. Puis, il tua d'une flèche Coronis, sa jeune amante enceinte. Le corps de Coronis fut déposé sur un bûcher funéraire et dé- voré par les flammes. Soudain, Apollon se ravisa. Il s'élança pour sauver son enfant à naître en l'arrachant du ventre de sa mère. Asclépios vit donc le jour d'une mère se mourant au milieu d'un bûcher funéraire »..

Il est de nouveau question de Persée dans l'œuvre de Montbourquette.

« Un jour, Athéna, déesse des sciences et des arts, transmit à Asclépios du sang de la Gorgone, créature malfaisante, tuée par Persée. en utilisant le sang issu du côté gauche, Asclépios faisait mourir les malades; il s'agissait d'un poison violent. Par contre, en employant le sang provenant du côté droit, il sauvait ses patients, même de la mort; ce sang possédait en effet de puissants pouvoirs de guérison. Asclépios ressuscita ainsi un grand nombre de personnages de la Grèce antique. »

Martine Betti-Cusso dans son article *Ce que dit la science des guérisseurs* Publié le 31/10/2013 à 17:37 dans Le Figaro-Santé dit : « Prenant le contre-pied d'un certain engouement populaire, la médecine garde ses distances avec les guérisseurs.

Elle entretient avec eux une relation ambiguë, mélange de défiance et de collaboration. Officiellement, les deux pratiques s'opposent. L'une, savante, apprise dans les écoles, est en constante évolution. L'autre, empirique, est transmise par les anciens et exercée selon les dons de chacun, mais reste immuable à travers les époques.

Les deux approches ont toujours cohabité, et ce depuis l'Antiquité, à couteaux plus ou moins tirés. Aujourd'hui, le regard des médecins se fait plus distant et circonstancié, depuis que s'impose une médecine moderne, rationnelle et surtout de plus en plus efficace.

De nos jours, les guérisseurs, magnétiseurs et autres «rebouteux» sont non seulement ignorés des instances officielles et dépourvus de statut, mais aussi passibles d'amendes et de peines d'emprisonnement pour exercice illégal de la médecine.

Nombreux sont les médecins qui estiment que ces concurrents de l'ombre abusent une clientèle que la médecine conventionnelle ne parvient pas à soulager, voire qui rejette les soins par médication ou opération. Ils y voient un vrai risque pour la santé des patients. »

Art thérapie-chamanisme-guérison

Lorsque je me suis intéressé à l'art-thérapie, j'ai été fasciné par l'association que je découvrais avec le chamanisme. L'art-thérapeute américain Shawn McNiff préférait cette identité professionnelle plutôt que celle de la psychothérapie.

Ayant toujours le projet de publier un ouvrage sur mon parcours professionnel comme art-thérapeute et mon approche, j'ai retrouvé ce besoin d'inclure cette facette.

Ayant étudié pendant trois année l'accompagnement spirituel, je désirais joindre cette démarche à celle de l'art-thérapie. Dans cette fusion des deux relations d'aide je sens que le pouvoir guérisseur trouve son véritable ancrage. En faisant un peu de recherche sur le chamanisme je suis tombé sur une référence qui m'aidait dans ma volonté de définir mon axe professionnel.

Le site de Yanka Stahan propose une introduction au cours d'art-thérapie à l'université Pierre et Marie Curie qui s'intéresse au chamanisme.

Tout d'abord Stahan fait référence à l'archéologue américain David Lewis-William et au préhistorien français Jean Clottes,disant :

« Ces artistes du paléolithique étaient surtout des chamanes ajoutant que cette hypothèse n'est en rien nouvelle et a été argumentée par bien d'autres comme Andéas Lommel, Mircéa Eliade, ou bien encore Joan Halifax, mais jusque là elle n'était pas reconnue. Le travail du chaman se fait en passant d'un état de conscience à un autre et l'exploitation des états de conscience est au cœur du chamanisme.

Les états de conscience altérée peuvent être naturels à certaines personnes mais peuvent aussi être induits par des substances psychotropes ou des pratiques spirituelles ou corporelles comme la méditation pour en nommer une.

À l'âge de vingt ans, j'ai découvert le yoga physique et mental et je suis demeuré un méditant en ce sens que cette pratique m'a permis de trouver un équilibre au cours de ma vie trépidante de changements. Je n'ai pas trouvé de familiarité avec l'expérience de transe que décrit l'article associant plutôt l'expérience spirituelle à la prière ou le maintien du silence intérieur pour accéder à un état de quiétude énergisante pour le corps et l'esprit.

Stahan parle de son expérience d'avoir suivi un atelier d'art-thérapie auprès de Gérald Quitaud juste avant de découvrir l'art rupestre et le chamanisme. Il dit y avoir trouvé une similitude entre sa technique d'approche pour faire émerger l'inconscient et le stade de transe des chamans bushmans.

Il y a vingt ans, Sophie Descampes, une étudiante belge en anthropologie visuelle s'intéressait aux techniques de guérisons anciennes et modernes. Elle s'est présentée au Cap l'institution où je travaillais dont je suis un des fondateurs. La mission du Cap est d'aider à l'inclusion sociale de personnes ayant des troubles de santé mentale.

Elle me demandait de pouvoir filmer mes ateliers d'art-thérapie hebdomadaires pendant une période de trois mois afin de pouvoir faire sa recherche de thèse utilisant la grille de Claude Levi- Strauss pour établir des ressemblances entre la démarche d'art-thérapie et les techniques primitives de guérison.

Elle s'intéressait surtout à ce qui caractérisait l'approche de guérison notamment la confiance que doit inspirer le chaman ou le thérapeute, la production d'artéfacts ou d'objets au cours du rituel et la charge affective investie dans les objets créés pour effectuer la guérison. L'art-thérapie est-elle une démarche de guérison? Qu'est-ce que guérir?

Stahan cite Georges Braque qui aurait dit : « L'art est une blessure qui se termine en lumière. » Elle cite également Jung qui aurait dit « L'esprit est fondamentalement primitif et c'est dans ces noyaux fondamentaux de l'imagination humaine que se trouve tout le potentiel de renouvellement de l'être.

Source :

http://artetmediation.e-monsite.com/pages/art-therapie-et-chamanisme.html

D.Pivnicky publia dans Confinia Psychiatrica 17 :177 :183(1974) Mythos and Psychiatry aborde le mythe comme une glorieuse aventure dans la compréhension de la condition humaine (Phaedon 114a). Il est, (je traduis) sa plus profonde et sainte signifiance.

Pivnicki cite Huizinga 1970, p.151 qui dit : « Le mythe peut réussir à exprimer les relations qui ne pourraient jamais être décrites d'une manière rationnelle. Pivnicki termine son article en disant :

« Toutes ces tragédies grecques sont de plusieurs manières, des tentatives de trouver, de découvrir ce que les humains sont et ce qu'est l'essence du monde. Cette recherche est la seule qui vaille que l'humain puisse tenter parce que savoir et être sont semblables (Parmenides 4ième siècle BC).

Mais se demande Pivnicki :

«Ces mythes sont-ils encore pertinents pour nous aujourd'hui. Les rôles de tous ceux impliqués sont déterminés par leurs perceptions d'où l'humain se trouve et ce qui attendu de lui, selon la théologie et la philosophie. Une observation rétrospective de l'Œdipe de Colonus 'lorsque la foi s'étiole, la fausseté fleurit (v.609) peut être comprise comme la somme de tous ses malheurs :son père doit avoir été un faible croyant, que ce soit dans l'existence des dieux ou leur non existence. Le manque de foi l'empêchait de trouver sa place et le rendait incapable d'agir, causant la chute de tous. Seulement dans la soumission à la loi divine peut conduite au salut.

Mais que pouvons nous faire avec ce message en psychiatrie se demande Pivnicki. Il doute que le mythe ait une valeur pratique. Il croit que le freudisme n'a pas donné une interprétation du mythe mais une variante. Ainsi en est-il de l'interprétation du rêve.

Pour l'art-thérapeute, chacun incarne son mythe personnel comportant des croyances qui les nourrissent.

Raymond Robert Tremblay du CEGEP du Vieux Montréal, :

« Le progrès scientifique et le déclin de la pensée religieuse n'ont pas fait disparaitre les mythes. Ils ont seulement changé de forme, ils sont un besoin fondamental de l'être humain. On parle du mythe de l'éternelle jeunesse, du mythe de la performance sexuelle, du mythe de l'amour romantique, du mythe de la puissance automobile et celui de l'harmonie sociale!

Tremblay réfère aux sémiologues, comme Roland Barthes et Umberto Eco, qui ont étudié les mythes contemporains véhiculés par des personnages comme James Bond, la poupée Barbie, la voiture sport et les motos Harley Davidson. Ils voient chacun de ces mythes associés à un moi idéal. Comme Hercule dans l'antiquité, Superman redresse les torts et combat les méchants. Comme la belle Hélène de Troie, les tops modèles de la mode font soupirer les coeurs d'envie et de désir!

Les mythe contemporains sont plutôt des représentations collectives que des récits fabuleux en tant que tels.

Les mythes dit Tremblay ont un rôle psychique très important: ils cristallisent les espoirs et les craintes, ils mobilisent les énergies vitales autour d'objectifs symboliques importants et ils orientent les désirs et les sentiments qui accompagnent toute action mobilisante.

Dans la vie sociale dit-il, les mythes jouent également un rôle essentiel: ils organisent les masses informes et masses structurées autour d'objectifs idéologiques commun, ainsi ils sont essentiels en politique et dans l'éducation par exemple. Tremblay parle d'une ambiguïté de la philosophie face au mythe. Platon envisage le dépassement des limites et des travers de la condition humaine par le recours au mythe du surhomme à venir et Nietzche envisage la fin de la division de la société en classes sociales et l'égalité complète entre des hommes libérés de toute contrainte économique en recourant au mythe du communisme intégralee

Andromède dans ma vie

À 30 ans, j'avais opté plus par idéalisation du mariage et de la famille que par amour. J'avais réalisé ce désir et j'étais devenu père de deux filles. Après avoir été graphiste, je me retrouvais vendeur pendant quatre ans, cinq ans plus tard. Je sentais un grand désarroi à la fois dans mon mariage et ma vie professionnelle. J'ai fini par comprendre que c'était une question de vie ou de mort de faire un changement dans ma vie. Je décidais de retourner aux .études, à 39 ans. Du baccalaur.at en Psychologie, je passais au baccalauréat en Education par l'art pour terminer une maitrise en art-thérapie. Je devais accepter que je ne réussisais pas à être heureux dans mon mariage et j'en arrivais à vivre en couple avec un homme.

Je participais à la fondation d'une ressource en santé mentale où je suis encore actif.

Ce dessin de la fenêtre et du vent m'intriguait Ce dessin de la fenêtre et du vent m'intriguait Chez les Grecs les vents étaient des divinités inquiètes et turbulentes. Il invite un changement. Il semble que ce vent soit davantage relié à la tempête, indiquant un grand mouvement d'esprits.

La fenêtre et le vent sont reliés parce que la fenêtre est une ouverture sur l'air et la lumière, elle symbolise la réceptivité. Carrée on dit qu'elle est réceptivité terrestre à l'opposé des apports célestes. Une sorte de fatalité? Une sorte de fixité ou de fatalisme. Cette fatalité fait-elle référence à mon changement de vie? Fait-elle aussi référence à l'aventure de Persée allant tuer la gorgone Méduse.

L'archétype d'Andromède a été activé en voyant le film The Danish Girl , ce premier transgenre danois. Cet artiste a voulu trouver la paix par une intervention chirurgicale suite à laquelle il décédait. Personnellement, j'ai fait quelques démarches pour voir plus clair dans cette perspective et j'ai décidé que je devais accueillir le féminin en moi sans me faire charcuter ni porter des vêtements féminins..

Mythes sociaux ou propos d'auteurs sur le Paradis retrouvé

De quoi s'agit-il? Voici le jugement que porte M. de Pongerville dans la notice mise en tête de son excellente traduction du Paradis perdu :

« Milton, dont l'ardente imagination n'était point lassée par l'âge, composa, après la publication du Paradis perdu, quelques poèmes, acheva un dictionnaire latin et créa le **Paradis retrouvé**.

Vaine fécondité ! Les richesses de son génie s'étaient entassées dans sa première épopée ; il ne lui était plus permis de se montrer prodigue. Son goût vieilli donnait toutefois la préférence à sa dernière. Il y a dans le Paradis reconquis des beautés égales au quatrième chant du Paradis perdu, à ce chant dont Voltaire a dit : « Comme il n'y avait pas d'exemple d'une pareille innocence, il n'y en eut jamais d'une pareille poésie. »

Reparentage

Qu'y a-t-il à réparer dans cette période de vie avec le recul? Cela consiste à chercher son équilibre à travers beaucoup de changement entre 1979 et 2004. Le divorce a été bouleversant et le flottement qui a suivi pendant sept années aussi. À soixante ans j'ai été hospitalisé en psychiatrie pendant trois mois ce qui m'a beaucoup aidé à me connaitre et me comprendre. En 2004 je mettais fin à une relation de couple qui durait depuis 1990. J'ai consulté pour abus sexuel dans l'enfance à diverses reprises avec Criphase, puis au CLSC Metro Guy. Cela démontre comment même en ayant sa mission de vie, on a besoin d'aide pour défaire les nœuds et blocages en soi.

Comment voyiez-vous votre condition entre 35-65 ans. Qu'avez-vous dû faire pour maintenir votre équilibre. Quels ont été les chocs que vous avez dû affronter. Comment êtes-vous en ce moment?

Chapitre 17

De 65 ans et plus La retraite et la mission de vie

Stade 8 Erickson Sagesse : Intégrité personnelle versus Désespoir 65ans +

Ce stade final est celui de la rétrospection. À mesure que nous vieillissons et devenons des seniors, nous avons tendance à baisser dans notre productivité et regardons la vie du point de vue du retraité. C'est durant ce laps de temps que nous pouvons contempler nos aboutissements et sommes capables de développer un sentiment d'intégrité si nous estimons avoir une vie riche et remplie.

Dans le cas contraire, nous développons un sentiment de désespoir menant à la dépression face à une vie ressentie comme inachevée.

Kohlberg n'a pas d'autres stades, c'est la continuité du stade précédent sur les principes d'éthiques.

Pour Erickson c'est le stade Intégrité vs Désespoir Le souci de de vérité personnelle, de transmission de son expérience La valeur sociale de la production et du travail y est associée, avoir ou vouloir des enfants n'est pas le seul profil de cette générativité. Durant cet âge adulte médian, la principale tâche du développement est d'apporter sa contribution à la société et d'aider la génération future.

Lorsque les personnes apportent de telles contributions, en agrandissant leur famille, en travaillant à l'amélioration de la vie de la société, il développe leur sens générationnel, un sens de productivité et d'accomplissement. À l'opposé, une personne trop autocentrée, qui ne voudrait ou ne pourrait aider la société développe un sentiment de stagnation et d'insatisfaction.

Questions centrales posées à ce stade :Exprimer de l'amour vrai plus que des actes sexuels ;Développer l'unité avec son partenaire ;Aider à faire grandir les enfants afin qu'ils deviennent des adultes responsables ;Jouer un rôle central dans l'éducation des enfants ;Accepter les enfants de son partenaire et de ses amis ;Fonder un foyer confortable ;Être fier de ses actes et de ceux de son partenaire ;Inverser les rôles avec ses parents âgés ;Parfaire sa responsabilité civique et sociale. S'ajuster aux changements physiques Utiliser son temps libre pour la création ;Aimer les autres.

Dans cette dernière étape je me demande que me reste-t-il à accomplir pour vivre ma mission et m'épanouir vraiment? Quelle est ma raison d'être? C'est l'étape de la conscience vraie. À ce stade j'évalue ma vie et j'observe si mes choix sont vraiment les miens ou ceux de mon entourage. Suis-je en train de vivre la vie qui me permet de me réaliser en tant qu'homme?

Quelle image avez-vous de 65 ans et plus de la retraite et la mission de vie?

Mon image

Autour de la table

Mon mythe personnel

Lorsque je pense à Persée, mon mythe accompagnateur, je le vois aussi comme un sauveur de la femme en détresse lorsqu'il sauve Andromède. Elle victime de l'orgueil de sa mère Cassiopée qui avait dit que sa fille était plus belle que les Néreides provoquant la colère des dieux. Son nom signifie andros+homme et medomai+pense avoir l'esprit plein de ou celle qui dirige les hommes.

À une époque ou de nombreuses personnes sont en quête de sens, le chemin de l'aventure héroïque peut conduite chaque individu puisqu'il est unique, à se révéler vers son plein potentiel afin de vivre une vie personnelle et professionnelle pleine de richesse et d'épanouissement. Comment faire À l'aide de séminaires de formations et avec l'utilisation de méthodes intuitives et métaphysiques, chacun peut simplement mais profondément vivre ce voyage et cette expérience puissante.

Denis Hertz

L'image que j'ai choisie représente les sept années d'abstinence sexuelle que j'ai vécue avec l'aide d'un groupe de 12 .étapes. De là j'ai fréquenté un groupe de Recommençants dans la Foi pendant cinq années. J'ai fait la formation du Pèlerin en Accompagnement spirituel pendant trois années. Je voulais réunir l'art-thérapie et la démarche spirituelle.

Mythe sociaux ou propos d'auteurs sur le mal intérieur

France Fisette a écrit sur son blog : « Ce mal intérieur qui nous fait sentir que nous ne sommes pas à notre place dans la roue de la vie. Avez-vous déjà senti ce mal constant qui nous rend tristes avec le sentiment de ne pas être qui nous sommes vraiment ? Le mal de l'âme est comme un signal d'alarme qui veut nous avertir que nous ne sommes pas à l'écoute, et que nous ne suivons pas la voix de notre cœur. Notre âme veut s'exprimer à travers notre corps, elle veut créer quelque chose et je dirais que par notre manque de confiance ou par peur, nous n'osons pas passer à l'action.

Notre âme veut nous amener à faire des choses qui nous dépassent. Le cri de l'âme ne s'arrêtera pas tant que nous ne passerons pas à l'action. On a beau s'étourdir ou fuir, « Il y a toujours un soir où l'on se retrouve seul au fond de notre lit » comme il est dit dans la chanson de Garou, mais ce mal nous rattrape et nous raconte le même discours à chaque fois. Notre corps est le véhicule de notre âme et si celle-ci ne peut pas s'exprimer à travers lui, eh bien ! Elle nous le fera sentir par de la tristesse, de la déception; en d'autres mots, par un grand mal de vivre.

Oser suivre les aspirations de notre âme et ce, malgré les efforts que cela peut nous demander, nous redonnera la joie de vivre ainsi qu'un sens à notre vie. Pour avoir l'âme en paix, je crois que nous devons mettre en action nos aspirations et cesser de remettre à demain ce que nous pouvons commencer aujourd'hui. Oui, il suffit de commencer ce petit rêve qui nous tenaille depuis longtemps et de le réaliser en dépit des jugements que l'on porte sur soi-même. Laissons donc notre âme s'exprimer et créer et en cela, nous mettrons nos plus beaux talents au profit de nos frères et sœurs. »

Beaucoup de personnes s’expriment sur ce sujet, Tout le monde a une mission dans la vie, affirme Carol Adrienne, dans son ouvrage *Votre mission de vie* destiné à nous aider à canaliser le pouvoir qui est en nous, afin qu’émerge notre véritable destinée. La question se posera en ces termes : « Comment apprendre à suivre le courant et à laisser notre vraie nature (l’essence dont parle James Hillman) nous guider ? En d’autres mots, comment être en contact avec notre intuition. »

Votre Mission de Vie regorge d’anecdotes révélatrices et de portraits de gens fascinants qui racontent comment ils ont eux-mêmes trouvé leur voie. L’auteure y propose aussi des exercices pratiques, des questionnaires et d’autres « outils » vous permettant de mieux comprendre et mieux cibler vos aspirations profondes.

« En apprenant à reconnaître la voix de votre intuition et en lui faisant confiance, vous verrez de nouvelles avenues s’ouvrir devant vous.
Vous vous sentirez vivifié par le potentiel ainsi libéré et par une énergie qui ne pourra que s’intensifier avec chacune de vos réalisations. Et vous découvrirez la sérénité et la satisfaction que seules connaissent les personnes qui sont disposées à vivre leur vie pleinement. Préface de JAMES REDFIELD auteur de La prophécie des Andes »

Mon Mythe personnel

En choisissant Persée comme mythe personnel d’individuation, je vois en lui un exemple d’une fin de vie honorée. Il reçoit en récompense de son triomphe sur la vanité, sur ses propres monstruosités, par l’ordre de Zeus de devenir l’une des

constellations célestes : il symbolise l'idéal réalisé au prix de difficiles combats et de choix courageux. (Chevalier et Gheerbrandt).
Je me vois dans mon nouveau rôle d'art-thérapeute, de guérisseur, de **guérisseur blessé, de chamane**.

Je suis dans ce rôle à partir de l'âge de 44 ans. Je travaille avec une clientèle à 80% de femmes en difficultés. Je m'efforce de leur permettre d'exprimer ce qu'elles ressentent comme j'ai appris à écouter ma mère.

Lorsque je pense à Persée, mon mythe accompagnateur, je le vois comme un sauveur de la femme en détresse lorsqu'il sauve Andromède. Elle victime de l'orgueil de sa mère Cassiopée qui avait dit que sa fille était plus belle que les Néreides provoquant la colère des dieux. Son nom signifie andros+homme et medomai+pense avoir l'esprit plein de ou celle qui dirige les hommes.

2004-2017 Les groupes d'étapes

Le rituel du partage, on baisse la lumière on allume des chandelles, pour que chacun se sente dans son intimité mais pas isolé, pouvant partager son expérience sans gêne, sentant qu'on est accueilli par le groupe. Ce sont des moments de grâces que plusieurs devraient connaître, Cela me fait penser aux Chevaliers de la table ronde. La table dans l'image au sens courant, évoque le repas communiel.

Il rappelle les 12 apôtres autour de la table du cénacle mais aussi les 12 signes du zodiaque et les douze Aditya de Inde qui sont les douze stations du soleil (Symboles fondamentaux de la science sacré) et Jili De L'homme universel. Pour les alchimiste la table symbolise la révélation du secret mais sous une forme réservée à l'initié.

Mythes sociaux ou propos d'auteurs

Sur le vieillissement

Dans *Soins infirmiers en gériatrie: vieillissement normal et pathologique* Mickey Stanley et Patricia Gauntlett Beare, dénoncent des mythes au sujet du vieillissement particulièrement au sujet de la vie sexualité, du remariage lors de la perte d'un(e) conjoint(e).

Sur la retraite

Dans *D'une culture de retraite vers un nouveau management des âges et des temps ...par Diane Gabrielle Tremblay* on lit : D'abord il faut changer les perceptions de la population vis-à-vis des personnes âgées. Par exemple, les mythes qui entourent la productivité des personnes âgées et leur réceptivité aux changements technologiques doivent être supprimés.

Deuxièmement, il faut reconnaître que les besoins de flexibilité et l'accès à la formation ne sont pas des besoins spécifiques aux personnes âgées, d'où l'importance de saisir l'occasion du vieillissement de la population pour trouver des solutions durables pour toute la population active. Une telle approche constituera déjà une étape importante vers le changement des préjugés négatifs envers les personnes âgées.

Reparentage, Je vois combien les fraternités ont été une source de support et de réconfort dans les périodes de noirceur. Ce sont des familles spirituelles dans lesquelles on peut se reconstruire. J'apprécie mes recherches sur les mythes sociaux autour du vieillissement et de la retraite.

Étant donné qu'à 77 ans, je travaille toujours deux jours par semaine et que je trouve que c'est important pour mon équilibre personnel, j'approuve l'idée de ne pas systématiquement se départir de ces effectifs humains. Quels sont vos sources d'équilibre personnel?

Conclusion

Nous terminons ici notre voyage qui nous a permis d'explorer le concept de mythe , de mythe personnel, de mythes sociaux et bien sûr, les étapes proposées dans le développement de notre vie selon une vision mythique en plus des autres modèles proposés par Piaget, Kholberg, Erickson, Jung, Freud. Les images que j'ai contribuées apportaient au propos un aspect visuel qui ajoute à la réflexion étant reliés à des moments ou périodes de vie. Avez-vous trouvé votre mythe ou celui d'un proche (parent ou enfant)?

Dans la recherche du mythe personnel, nous avons utilisé le processus de révision de vie qui permet de réactiver notre mémoire, de revenir sur les étapes de notre vie et par le reparentage nous avons pu réapprendre à regarder notre histoire de vie avec compassion, compréhension à la lumière des divers mythes sociaux qui exercent une influence sur notre perception de soi-même.

Grâce aux divers symboles rencontrés nous pouvons nous représenter notre mythe personnel comme une de ces héroïnes ou un de ces héros que nous avons adopté (e) comme symbole de notre processus d'individuation.

Votre vision de votre histoire de vie a-t-elle changé? Avez-vous trouvé que l'exercice proposé dans ce cahier vous a permis d'approfondir votre histoire et de vous sentir plus en lien avec votre mission de vie? Est-ce que vous envisagez l'avenir avec une autre perspective?.

Des ateliers continuent d'être offerts au Centre d'apprentissage parallèle dans lesquels il vous est possible de participer si vous sentez que l'approche vous inspire.. On peut communiquer avec moi au 514-843-5658 ou lamyy@bell.net.bell.net

Tables des matières

Chapitre 1 7

Les mythes 7

Chapitre 2 13

Les étapes de vie 13

Chapitre 3 18

Le paradis perdu ou la fin de l'innocence 6-12 18

Chapitre 4 31

Les paradis illusoires (14-21) L'adolescence 12-18 ans 31

Chapitre 5 47

Jeune adulte 18-35ans 47

Chapitre 6 54

Le paradis reconquis -La mission de vie (36-65 ans) 54

Chapitre7 58

La fondation du CAP 58

Chapitre 8 106

Ma vie mon destin et mon mythe personnel 106

Chapitre 9 123

Revision de vie : Deuxième exercice 123

Chapitre 10 131

Les trois premières années de votre vie 131

Chapitre 11 136

La petite enfance (3 à six ans) **136**

Chapitre 12 .... **147**

Période de réflexion et poème **147**

Chapitre 13 .... **150**

Le paradis perdu ou la fin de l'innocence 6-12 .... **150**

Chapitre 14 .... **155**

Les paradis illusoires L'adolescence 12-18 ans **155**

Chapitre 15 .... **158**

Jeune adulte 18-35ans **158**

Chapitre 16 .... **162**

Le paradis reconquis la mission de vie (36-65 ans) **162**

Chapitre 17 .... **176**

De 65 ans et plus La retraite et la mission de vie **176**

Conclusion **183**

FSC
www.fsc.org
MIX
Papier | Fördert
gute Waldnutzung
FSC® C083411

Kolibri 360 GmbH
Ferdinand-Jühlke-Straße 7
99095 Erfurt, Deutschland
produktsicherheit@kolibri360.de

Druck:
CPI Druckdienstleistungen GmbH
im Auftrag der
Kolibri 360 GmbH
Ferdinand-Jühlke-Str. 7
99095 Erfurt